Arena-Taschenbuch
Band 1870

DIE BIBEL
für Kinder

Nacherzählt von
Herbert Ossowski und Anke Bültemeier

Mit Illustrationen von
Anne Ebert

Arena

Der deutsche Text dieser Kinderbibel wurde von einem Team evangelischer und katholischer Religionspädagogen unter Federführung von Herbert Ossowski (katholisch) und Anke Bültemeier (evangelisch) nach den Prinzipien moderner Religionspädagogik und in Anlehnung an die neue Einheitsübersetzung der Bibel erarbeitet.

1. Auflage als Arena-Taschenbuch 1996
Lizenzausgabe des Georg Bitter Verlags, Recklinghausen

Umschlag und Illustrationen: Anne Ebert
Gesamtherstellung: Westermann Druck Zwickau GmbH
ISSN 0518-4002
ISBN 3-401-01870-1

Inhalt

Das Alte Testament

Das Neue Testament

Das Alte Testament

Gott erschafft die Welt für uns

Es ist nun schon sehr lange her. Damals gab es noch keine Menschen und Tiere, auch keine Blumen und keine Bäume. Es gab nur den Himmel und die Erde. Aber die Erde war ganz mit Wasser bedeckt. Und es war überall finster und still. Da dachte Gott, der den Himmel und die Erde erschaffen hatte: »Ich will die Erde so machen, daß Menschen auf ihr leben und sich wohl fühlen können. Ich will diese Menschen lieben, und sie sollen mich lieben.«

So fing Gott an, die Erde für die Menschen zu bereiten. Zuerst sagte Gott: »Es soll Licht kommen!« Da wurde es hell über dem Wasser. Und Gott teilte das Licht und die Finsternis ein. Sie sollten einander abwechseln. Gott gab dem Licht den Namen Tag; die Finsternis nannte er Nacht. Am Tag sollten die Menschen arbeiten und spielen, in der Nacht sich ausruhen und erholen. Gott trennte danach das hohe blaue Gewölbe mit den Wolken vom Wasser. Er nannte das Gewölbe Himmel.

Dann sprach Gott: »Das Wasser soll zusammenfließen und trockene Stellen freigeben.« So geschah es. Gott nannte das zusammengeflossene Wasser Meer, und die trockenen Stellen nannte er Land. So erschuf er auch Seen und Flüsse, Berge und Hügel und weite Ebenen. Gott sah alles, was er bisher erschaffen hatte, und fand es gut.

Danach sagte Gott: »Nun sollen Gras und viele Arten von Pflanzen, Sträuchern und Bäumen auf dem Land wachsen.« Und die Erde wurde zu einem wunderschönen großen Garten mit saftigem grünem Gras, mit vielen Pflanzen und großen Blumen überall. Bunte Blumen und Blüten leuchteten und dufteten, und die Sträucher und Bäume trugen herrliche Früchte. Aber Gott wollte die Welt noch schöner machen.

So schuf er die Sonne mit ihrem Licht und ihrer Wärme für den Tag und den Mond und die blinkenden Sterne für die Nacht.

Doch auf der Erde war es immer noch ganz still.

Deshalb sagte Gott: »Das Wasser soll von vielen Tieren wimmeln, und über dem Land am Himmelsgewölbe sollen Vögel fliegen.«

Da schwammen viele Arten von Fischen und Wassertieren durch das Wasser. Durch die Luft flogen Vögel mit starken schwarzen Flügeln. Auch Schwärme von kleinen Vögeln schwirrten auf und ab. Überall zwitscherten und sangen Vögel.

Aber es gab noch keine Tiere, die auf den grünen Wiesen grasten oder sich unter schattigen Bäumen ausruhten.

Da sprach Gott: »Es sollen alle Arten von Tieren auf der Erde sein.« Und nun liefen, sprangen und krochen viele Tiere auf der Erde, wie das Kaninchen auf dem Feld, das Reh im Wald, die Gemse in den Bergen, die Eidechse im Sand und der Elefant in der Steppe.

Als Gott sah, was er geschaffen hatte, freute er sich daran, weil es wunderschön und gut war. Das alles machte Gott für uns Menschen, weil er uns liebt.

Adam und Eva im Garten von Eden

Gott hatte die Erde wunderschön gemacht. Aber es lebten noch keine Menschen auf der Erde, die sich über die duftenden Blumen freuen und die köstlichen Früchte essen konnten. Deshalb wollte Gott Menschen erschaffen, die auf dieser herrlichen Erde leben und sich über alles freuen sollten, was er gemacht hatte. Gott wollte auch mit den Menschen reden können. Er wollte sie liebhaben, und sie sollten ihn lieben.

Da dachte Gott: »Ich will die Menschen so machen, daß sie sich von den Tieren unterscheiden. Die Menschen sollen aufrecht gehen und über die Erde und alles, was auf der Erde lebt und wächst, herrschen. Vor allem aber sollen die Menschen klüger sein als die Tiere.«

Dann schuf Gott einen Mann. Er nannte ihn Adam. Adam lebte in einem Garten, in dem es unvorstellbar schöne Blumen und Sträucher und Bäume mit Früchten gab. Der Garten wurde durch einen Fluß bewässert. Es war der schönste Garten, den es je gegeben hat.

Er hieß: Garten von Eden.

Eines Tages zeigte Gott Adam einen Baum und sagte: »Die Früchte, die auf diesem Baum wachsen, darfst du nicht essen. Alle anderen Früchte, die im Garten von Eden wachsen, darfst du essen.«

Gott liebte Adam, und er wollte wissen, ob auch Adam ihn wirklich liebhatte.

Adam lebte gern in dem schönen Garten. Aber manchmal fühlte er sich sehr einsam. Gott sah das. Und weil er Adam glücklich machen wollte, sagte er: »Ich will nun noch einen Menschen schaffen, der mit Adam zusammensein und ihm helfen kann.« So gab Gott dem Adam eine Frau. Sie hieß Eva. Adam dankte Gott für Eva. Adam und Eva lebten glücklich im Garten von Eden, und Gott freute sich über sie. Adam zeigte seiner Frau auch den Baum, von dessen Früchten sie keine essen durften.

Eines Tages ging Eva im Garten spazieren. Sie kam zu dem Baum, an dem die Früchte hingen, die sie nicht essen durften. Eva sah, wie köstlich und verlockend die Früchte waren, und wunderte sich: »Warum hat wohl Gott Adam und mir verboten, diese Früchte zu essen?«

Da hörte sie plötzlich eine Stimme, die fragte: »Ist es wirklich wahr, daß Gott euch nicht erlaubt hat, von allen Bäumen die Früchte zu essen?«

Eva wollte wissen, wer da zu ihr gesprochen hatte. Sie blickte umher und sah eine Schlange. In Wirklichkeit war dies der Teufel, der sich in der Schlange verborgen hielt.

Eva antwortete: »Doch, wir dürfen alle Früchte essen, die hier wachsen. Gott hat uns nur verboten, die Früchte von diesem Baum hier in der Mitte des Gartens zu essen.«

Da sagte die Schlange: »Hört doch nicht auf das, was Gott euch verboten hat. Dann werdet ihr merken: Wenn ihr von diesen Früchten eßt, werdet ihr so sein wie Gott.«

Eva sah die köstlichen Früchte an. Da hatte sie nur noch den Wunsch, sie zu essen. Sie streckte ihre Hand aus, pflückte eine Frucht und aß sie. Dann lief sie zu Adam und gab auch ihm eine. So aß auch er von den verbotenen Früchten.

Gott war sehr traurig darüber, daß Adam und Eva nicht auf ihn, sondern auf die Schlange gehört hatten.

Er ging in den Garten von Eden und rief: »Adam und Eva, wo seid ihr?«

Adam und Eva hatten sich hinter einem Baum versteckt. Sie schämten sich sehr, daß sie Gott nicht gehorcht hatten.

Da sagte Gott zu ihnen: »Ihr dürft nun nicht mehr länger in diesem wunderschönen Garten leben. Von jetzt ab sollt ihr hart arbeiten.«

So mußten Adam und Eva den Garten von Eden verlassen, weil sie ungehorsam waren. Gott aber liebte sie dennoch weiter.

Kain und Abel, die ersten Brüder

Wenn Adam und Eva mit Gott sprechen und ihn um etwas bitten wollten, nahmen sie ein Geschenk für ihn mit. Sie wollten ihm danken für alles, was er für sie getan hatte. Manchmal nahmen sie ein Schaf, manchmal eine Taube, ein anderes Mal Korn oder Obst mit. Das Geschenk nannten sie Opfer. Sie bauten einen Altar, indem sie viele Steine übereinanderschichteten. Dann zündeten sie ein Feuer auf dem Altar an und verbrannten das Opfer, um zu zeigen, daß es ein Geschenk für Gott den Herrn war. Dabei beteten sie und baten Gott, ihnen zu helfen, ein gutes Leben zu führen.

Eines Tages ereignete sich für Adam und Eva etwas Wunderbares. Eva bekam einen kleinen Sohn, den die

Eltern Kain nannten. Eva machte aus weichen Tierfellen und Wolle warme Decken und Kleider für Kain.

Als Kain heranwuchs, half er seinem Vater auf dem Feld. Er zog tiefe Furchen, säte Samen und setzte kleine Pflanzen ein. Wenn die Pflanzen heranwuchsen, zeigte er sie voller Freude seinen Eltern.

Adam und Eva waren glücklich, als Gott ihnen noch einen anderen Sohn schenkte. Sie nannten ihn Abel. Als Abel heranwuchs, half er seinem Vater bei der Pflege der Schafe. Er führte sie auf gute Weiden und zur Tränke. Die jungen Brüder machten es wie ihre Eltern. Sie bauten manchmal einen Altar aus Steinen, zündeten ein Feuer an und brachten dem Herrn ein Opfer. Kain opferte Korn, Obst und Gemüse. Abel brachte das beste Lamm für Gott mit.

Der Herr freute sich über Abels Opfer, weil er das Beste gab, was er besaß. Gott sah, daß Abel ihn wirklich liebhatte. Über Kains Opfer freute er sich nicht so sehr, weil er wußte, daß Kain ihn nicht wirklich liebte.

Kain ärgerte sich sehr darüber, daß Gott seinen Bruder Abel mehr liebte als ihn. Es verdroß Kain auch sehr, daß der Herr mit seinem Opfer nicht zufrieden war.

Eines Tages, als Kain und Abel draußen auf dem Feld waren, schlug Kain seinen Bruder. Er war älter und stärker als Abel, und er traf ihn schwer. Abel fiel hin und blieb still liegen. Da erschrak Kain ganz fürchterlich: Was hatte er getan? Kain hoffte, daß niemand gesehen hatte, wie er seinen Bruder niedergeschlagen hatte. Aber Gott, der wußte, was Kain getan hatte, fragte ihn: »Kain, wo ist dein Bruder Abel?«

Kain antwortete: »Ich weiß es nicht. Bin ich denn der Aufpasser für meinen Bruder?«

Daraufhin sagte der Herr: »Du hast deinen Bruder getötet. Von nun an wird dein Leben nur noch aus Anstrengungen und Mühen bestehen. Du wirst ruhelos dein Leben lang von einem Ort zum anderen ziehen und nirgends für längere Zeit verweilen.«

Kain mußte sofort zusammenpacken, was ihm gehörte, und seine Eltern verlassen.

Von nun an wußte Kain: Gott der Herr weiß alles; er weiß, was wir tun und was wir denken.

Noah baut die Arche

Es war eine lange Zeit vergangen, nachdem Gott die Welt erschaffen hatte, und viele Menschen lebten auf der Erde. Da begannen die Menschen sich gegenseitig zu bestehlen, sich häßlich zu beschimpfen, zu belügen und zu betrügen. Als Gott sah, wie die Menschen auf der Erde miteinander umgingen, wurde er sehr traurig. Dann sagte er: »Ich will die Menschen auf der Erde vernichten, weil sie ungehorsam und böse sind und nicht mehr an mich denken.«

Aber Gott sah unter den vielen Menschen auch einen Mann, der mit seiner Familie ein gutes Leben führte. Sein Name war Noah.

Da sprach Gott zu Noah: »Noah, höre. Ich werde alle

Menschen auf der Erde vernichten, weil sie so böse sind. Dich, deine Frau und deine Kinder aber möchte ich retten; denn ich weiß, wie sehr ihr mich liebt.« Dann sagte Gott zu Noah genau, was er tun sollte. Zunächst mußte er ein großes Schiff bauen. Ein Dach mit einem Fenster sollte das Schiff schließen. Gott sprach weiter: »Das Schiff soll Arche genannt werden. Du mußt sofort mit dem Bau der Arche beginnen. Denn ich werde es so lange regnen lassen, bis die ganze Erde und alle bösen Menschen überflutet sind. Die Arche muß deshalb so groß sein, daß sie von allen Tierarten ein männliches und ein weibliches Tier aufnehmen kann.«

Noah und seine Söhne begannen sofort mit dem Bau der Arche. Sie arbeiteten daran weiter, obwohl viele Leute kamen und sie auslachten. Denn sie konnten sich nicht vorstellen, was Noah mit einem so großen Schiff auf dem trockenen Land anfangen wollte.

Als nach langer und anstrengender Zeit die Arche fertiggestellt war, öffnete Noah den Eingang weit und ließ von jeder Tierart je ein Paar hinein. Sowohl die größten als auch die kleinsten Tiere fanden Einlaß.

Als alle Tierarten in der Arche Platz gefunden hatten, stiegen auch Noah, seine Frau und die Kinder ein. Gott der Herr schloß die Tür der Arche. Dann ließ er schwere Regen- und Gewitterwolken zusammenziehen, und es begann zu regnen. Es regnete vierzig Tage und Nächte lang. Die ganze Erde war von Wasser bedeckt. Und die Arche schwamm durch die große Flut.

Als der Regen aufhörte, begann das Wasser langsam, ganz langsam einzusickern und zu verdunsten. Aber Noah wußte nicht, was auf der Erde geschah, denn die Tür der Arche war noch verschlossen. Durch das Fenster im Dach jedoch sah er den blauen Himmel. Da ließ er einen schwarzen Raben durch das Fenster fliegen. Der Rabe flog davon und kehrte nicht wieder. Noah wartete nun längere Zeit. Er wollte die Erde erst trocken werden lassen. Dann schickte er eine Taube aus, die schneller ermüdet als ein Rabe. Noah wollte feststellen, ob es schon Zweige oder irgendwelche trockenen Stellen auf dem Lande gab, wo die Taube bleiben konnte. Doch die Taube kam schnell zurück.

Da wartete Noah noch eine Woche, bevor er erneut die Taube ausschickte. Am Abend kam die Taube mit einem kleinen grünen Blatt in ihrem Schnabel zur Arche zurück. Nun wußte Noah, daß die Bäume wieder aus dem Wasser herausragten. Nach einer weiteren Woche ließ er die Taube wieder fliegen. Diesmal kam sie nicht zur Arche zurück. Da wußte Noah, daß nun auch das Land allmählich trocken wurde.

Dann sprach Gott zu Noah: »Verlasse die Arche mit deiner Familie und mit allen Lebewesen.«

Alle stiegen aus. Die Menschen und die Tiere waren froh, nach so langer Zeit wieder trockenes Land zu betreten.

Noah, seine Frau und seine Kinder knieten nieder, um Gott dafür zu danken, daß er sie beschützt und gesund erhalten hatte.

Wir brauchen nicht zu fürchten, daß es jemals wieder so stark regnen wird wie damals, weil der Herr zu Noah gesagt hat: »Wenn du den Regenbogen am Himmel siehst, sollst du dich daran erinnern, daß ich niemals wieder so viel Wasser über die Erde regnen lassen werde, um alle Menschen zu vernichten.«

Der Turmbau zu Babel

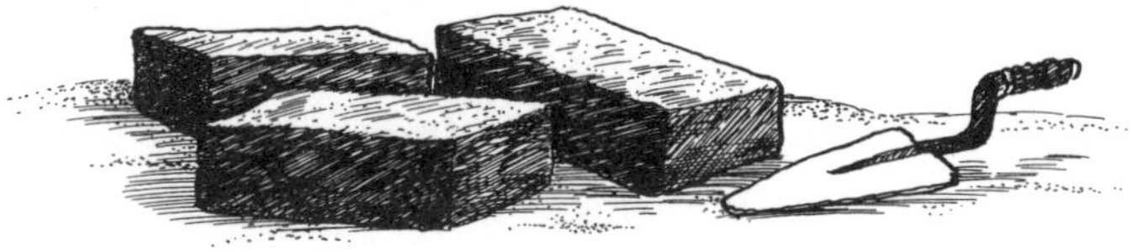

Damals lebten noch nicht so viele Menschen auf der Erde wie heute. Und weil es nur eine Sprache gab, konnten alle miteinander reden.

Eines Tages, als die Leute wieder bei der Arbeit waren, sagten sie zueinander: »Wir leben nun schon seit langer Zeit in diesem fruchtbaren Land und fühlen uns hier sehr wohl. Auf unseren Feldern gedeiht das Korn, und wir haben genug zu essen. Laßt uns gemeinsam etwas Großes, etwas ganz Besonderes tun, laßt uns einen Turm bauen, der bis in den Himmel hochragt.«

»Das ist eine gute Idee«, meinten einige. »Dann wird jedermann erkennen, wie klug und geschickt wir sind.«

Sie verteilten untereinander die verschiedenen Aufgaben. Einige wollten die Erde ausschachten, andere Ziegelsteine formen, wieder andere sollten die Ziegel heranschaffen oder die Ziegel vermauern.

Zunächst gaben die Leute ihre Arbeit auf den Feldern auf. Sie wollten alle bei dem Turmbau mithelfen.

Tag für Tag wurde der Turm höher. Jeden Morgen, bevor sie den Turmbau fortsetzten, bewunderten die Menschen, was sie bisher gebaut hatten.

»Das wird ein ganz hervorragendes Kunstwerk«, meinten viele.

»Warten wir ab, bis der Turm bis in die Wolken hineinragt«, sagten andere. »Dann werden wir erst so richtig staunen können.«

»Wie aufregend wird es sein, wenn der Turm bis in den Himmel stößt. Unser Turm wird dann als ein Wunder angesehen werden. Alle Menschen, sogar noch die Kinder unserer Kinder werden den Turm bewundern. Lange nachdem wir bereits gestorben sein werden, wird er hier stehen und die Aufmerksamkeit und Bewunderung aller Menschen auf sich ziehen.«

Gott aber war über den Turmbauplan der Menschen gar nicht froh. Er wollte nicht, daß einige Menschen sich klüger und besser als andere Menschen einschätzten. Es mißfiel Gott auch, daß die Menschen meinten, sie könnten ohne ihn leben.

Deshalb sagte Gott: »Nun ist es genug! Ich werde diesem Hochmut der Menschen ein Ende bereiten.« Und das tat Gott: Er verwirrte die Sprache der Menschen. Alle hatten vorher miteinander sprechen können, jeder hatte den anderen verstanden. Plötzlich jedoch verstand niemand mehr, was der andere zu ihm sagte. Und weil die Leute einander nicht mehr verstehen konnten, fingen sie an zu streiten. Es entstand ein großes Durcheinander, und alle, die vorher noch stolz auf den Turm gewesen waren, hörten sofort mit ihrer Arbeit auf. Viele Leute zogen aus Babel fort. So hatte Gott die eitlen und gefährlichen Pläne der Menschen zerstört.

Abrahams lange Wanderung

Weit weg von dem Land Israel gab es die Stadt Haran in dem Land zwischen den Flüssen Euphrat und Tigris. In Haran lebten Menschen, die von Gott nichts wissen wollten. Der Herr aber hatte unter ihnen einen guten Mann gesehen. Dieser Mann hieß Abraham. Gott wollte nicht, daß Abrahams Kinder unter den anderen Kindern von Haran aufwuchsen und später so ein Leben führten wie die anderen Einwohner der Stadt. Deshalb sprach der Herr zu Abraham: »Ziehe mit deiner Familie in das Land, das ich dir zeigen werde. Es ist ein weiter Weg dorthin. Aber wenn du in dem fernen Land ankommst, werde ich dich und deine Familie zu einem großen Volk machen. Dein Name soll berühmt werden, weil du für die Menschen ein gutes Vorbild sein wirst. Wenn du alles tust, was ich dir sage, werde ich dir immer helfen und immer für dich sorgen.«

Abraham gehorchte dem Herrn. Er nahm alles mit, was er besaß, und zog mit seiner Frau Sara, mit seinem Neffen Lot und dessen Frau fort, um in das Land zu gehen, das Gott für ihn bestimmt hatte.

Sie kamen auf ihrer Wanderung nur langsam voran, weil sie große Herden Vieh und Schafe mit sich führten. Abends stellten sie ihre Zelte auf, um zu schlafen. Sie wateten durch Flüsse, stiegen über hohe Berge und erreichten schließlich nach der langen Wanderung das Land, das der Herr Abraham und seiner Familie ausgewählt hatte.

Dort, im Lande Kanaan, wohnten Abraham und Lot mit ihren Familien in ihren Zelten. Tagsüber führten ihre Hirten die Herden zur Weide und an die Wasserstellen.

Bald aber reichte das Weideland für die vielen Tiere nicht mehr aus, und es gab Streit zwischen den Hirten Abrahams und Lots um die Weide- und Futterplätze.

Abraham war ein guter Mann. Er wollte keinen Streit zwischen seinen und Lots Hirten. Deshalb sagte er zu Lot: »Wir haben uns immer so gut verstanden und in Frieden zusammengelebt. Ich möchte nicht, daß es zwischen deinen und meinen Männern Zankereien gibt. Wir gehören doch alle zu einer Familie. Laß uns deshalb jeder einen Ort wählen, an dem wir bleiben wollen. Denn es gehört uns doch das ganze weite Land. Wähle du zuerst, wo du mit deiner Familie bleiben möchtest.«

Abraham und Lot bestiegen daraufhin eine Anhöhe, von der aus sie das Land übersehen konnten. Lot sah sich das Land genau an. Er wählte das wasserreiche Land um den Fluß Jordan. Er sagte: »Hier, am Jordan, möchte ich bleiben, denn das Weideland ist gut und ausreichend für mein Vieh und meine Schafe.« Lot hatte den schönsten und besten Teil des Landes gewählt. Doch Abraham war einverstanden. Er wußte ja, daß Gott ihm immer beistehen würde.

Da sagte der Herr zu Abraham: »Ich schenke dir das ganze Land Kanaan. Alles, was du siehst, die Berge und die Felder und alles, was hier wächst und gedeiht, soll dir und deinen Kindern gehören. Und du sollst wissen: Du wirst so viele Nachkommen haben, daß es unmöglich sein wird, sie alle zu zählen. Nun suche für dich und deine Familie den Ort aus, an dem ihr von nun an leben wollt.«

Da zog Abraham mit seiner Frau Sara und seiner ganzen Familie und mit seinem Vieh und den großen Schafherden weiter, bis sie in eine Gegend kamen, wo es genug Nahrung gab. Abraham und Sara freuten sich über die Hilfe des Herrn. Gott hatte sein Versprechen, für Abraham und seine Familie zu sorgen, erfüllt.

Da baute Abraham einen Altar aus Steinen, zündete ein Feuer an und opferte Gott ein Schaf. So zeigten Abraham und Sara ihre Dankbarkeit für alle Hilfen, die der Herr ihnen und der ganzen Familie auf der langen Wanderung gegeben hatte.

Abraham und Sara bekommen Besuch

Abraham und Sara zogen mit ihren Schafen und Viehherden durch ihr neues Land. Sobald sie gute Weidegründe und frisches Wasser fanden, schlugen sie ihre Zelte auf und blieben, bis die Weiden abgegrast waren. Dann zogen sie weiter.

Als Abraham und seine Angehörigen bei den Eichen von Mamre ankamen, gefiel ihnen das Weideland besonders gut, und sie beschlossen, hier ihre Zelte aufzubauen.

Eines Tages saß Abraham am Eingang seines Zeltes. Er dachte: »Sara und ich sind nun alt geworden, doch wir haben noch keinen Sohn, obwohl mir der Herr versprochen hat, daß meine Nachkommen so zahlreich sein werden wie die vielen Sterne am Himmel. Gott sagte damals: ›Abraham, du wirst einen Sohn haben, und dessen Kinder werden viele Kinder bekommen, und schließlich wirst du so viele Nachkommen haben, daß niemand sie noch zählen kann.‹ Ja, das hat der Herr mir versprochen, und er hält immer, was er verspricht.«

Während er so saß und nachdachte, näherten sich ihm drei Männer. Abraham kannte die Männer nicht, aber er stand auf, um ihnen entgegenzugehen. Er begrüßte sie und sagte zu ihnen: »Geht nicht bei uns vorbei. Bleibt hier und ruht euch im Schatten dieser mächtigen Eichen aus. Wenn ihr etwas gegessen habt, könnt ihr euren Weg fortsetzen.«

»Wir danken dir, Abraham«, sagten die Männer. »Wir nehmen gern dein Angebot an.«

Sie setzten sich zu Abraham in den Schatten. Abraham und Sara merkten sehr bald, daß die drei Besucher keine gewöhnlichen Wanderer waren. Aber sie wußten nicht, daß es der Herr selbst war, der sie in der Begleitung von zwei Engeln besuchte.

Abraham bat Sara, Brot zu backen und ein gutes Essen anzurichten.

Während die drei Gäste draußen warmes Brot und schmackhaftes Fleisch aßen und Milch tranken, blieb Sara im Zelt.

Einer der Besucher, es war der Herr, fragte: »Wo ist Sara?«

Abraham antwortete: »Sie ist im Zelt.« Da sagte der Herr: »Abraham, ihr werdet schon im nächsten Jahr einen Sohn bekommen.«

Sara im Zelt hörte, was der Besucher sagte. Sie dachte: »Das kann nicht sein. Ich bin doch schon zu alt, um ein Kind zu bekommen.«

Nachdem sie gegessen und sich ausgeruht hatten, gingen die drei Männer fort.

Ein Jahr später bekam Sara einen Sohn, genau wie der Herr es vorausgesagt hatte. Abraham und Sara nannten ihren Sohn Isaak.

Isaak wuchs auf wie alle anderen Kinder auch. Als er drei Jahre alt war, sagte Abraham zu Sara: »Laß uns ein großes Fest feiern, mit vielen Gästen. Alle sollen sehen, wie glücklich wir über unsern Sohn Isaak sind.«

Sara und ihre Helferinnen bereiteten nun ein großes Fest für viele Leute vor.

Als das Fest gefeiert wurde, saßen alle in froher Stimmung zusammen. Abraham und Sara waren glücklich und zufrieden. Sie mußten ihren Gästen immer wieder erzählen, wie der Herr und seine beiden Engel sie besucht und ihnen die Geburt eines Sohnes angekündigt hatten.

Isaak heiratet

Isaak wuchs zu einem großen kräftigen Mann heran. Er liebte seinen Vater Abraham und seine Mutter von Herzen. Sara erzählte ihm vom Herrn und wie er Isaaks Geburt vorausgesagt hatte. Sie erzählte Isaak auch von der langen Wanderung aus dem weit entfernt liegenden Land bis hierher, wo er geboren wurde. Isaak hörte gern zu, wenn seine Mutter ihm von den wunderbaren Ereignissen erzählte.

Abraham war unterdessen sehr alt geworden, und er wünschte sich, daß Isaak bald eine gute Frau heiraten sollte. Die Frau sollte in Abrahams Heimatland geboren sein. Deshalb rief Abraham eines Tages einen seiner besten Knechte zu sich und sagte zu ihm: »Gehe in das

Land meiner Väter, und wähle dort eine gute Frau für Isaak aus.« Der Knecht aber antwortete ihm: »Vielleicht aber möchte die Frau, die ich für deinen Sohn ausgewählt habe, nicht mit mir gehen.«

Da sagte Abraham: »Mache dir darüber keine Sorgen, Gott wird mit dir sein und alles zum Guten lenken.« Der Knecht machte sich mit zehn Kamelen, die mit vielen Geschenken für die Braut und ihre Angehörigen bepackt waren, auf den langen und beschwerlichen Weg.

Nach vielen Tagen und Nächten kam der Knecht endlich am Ziel an. Es wurde schon dunkel, und er war müde und durstig. Da sah er vor sich einen Brunnen. Er ging darauf zu und bat Gott: »Herr, hilf mir bei der Suche nach einer guten Frau für Isaak! Wenn eine junge Frau hierherkommt, werde ich sie um etwas zu trinken bitten. Wenn sie mir und auch den Kamelen Wasser gibt, werde ich wissen, daß sie die richtige Frau für Isaak ist.«

Es dauerte gar nicht lange, bis eine junge Frau auf den Brunnen zukam. Abrahams Knecht dachte: »Ist diese wohl schon die gesuchte Frau?«

Er wartete, bis sie den irdenen Topf in den Brunnen hinuntergelassen hatte. Dann sagte er zu ihr: »Bitte, gib mir etwas Wasser zu trinken.«

»Gern«, antwortete sie. »Aber auch deinen Kamelen will ich Wasser zu trinken geben.«

Da wußte der Knecht, daß sie die richtige Frau für Isaak war.

Nachdem sie die Kamele mit Wasser versorgt hatte, fragte der Knecht sie nach ihrem Namen. Sie antwortete: »Ich heiße Rebekka.«

Da gab der Mann ihr von den mitgebrachten Geschenken und begleitete sie nach Hause. Er erzählte Rebekkas Eltern von Abraham und Isaak und von seinem Auftrag, eine gute Frau für Isaak zu suchen. Auch von seinem Gebet zum Herrn am Brunnen erzählte er. Sie saßen noch lange zusammen und freuten sich über die Geschenke für Rebekka und für die Familie. Schließlich fragte der Knecht: »Darf Rebekka mit mir in das Land wandern, wo Abraham lebt und Isaak bereits wartet?«

Rebekkas Vater erwiderte: »Ja, meine Tochter darf mit dir gehen.«

Schon am nächsten Tag machten sie sich auf den Weg. Als Abraham Rebekka sah, wußte er, daß sie die richtige Frau für seinen Sohn war. Isaak liebte Rebekka von ganzem Herzen, und Abraham war glücklich darüber, daß der Herr ihm geholfen hatte, eine gute Frau für Isaak zu finden.

Jakob und Esau

Isaak und seine Frau Rebekka lebten glücklich im Lande Kanaan. Wie sein Vater Abraham besaß auch Isaak große Viehherden und viele Schafe und Ziegen. Isaak und Rebekka hatten zwei Söhne: Esau und Jakob. Esau, der ältere der beiden Brüder, ging mit seinem Pfeil und Bogen gern auf die Jagd. Wenn er ein Tier erlegt hatte, brachte er meistens auch seinem Vater ein Stück Wildbret mit.

Dann pflegte Isaak zu sagen: »Esau, mein Sohn, du bereitest das Wildbret so zu, wie ich es gern mag.« Jakob war anders. Er war kleiner als Esau und blieb gern daheim, um seiner Mutter im Haus und bei der Zubereitung der Nahrung zu helfen. Sonst aber bestellte er das Feld. Am liebsten aber hörte er seiner Mutter zu, wenn sie Geschichten erzählte.

Die Brüder wuchsen heran, ihre Eltern aber wurden alt und grau. Isaak konnte nicht mehr gut sehen und hielt sich meistens im Hause auf. Eines Tages rief Isaak nach Esau: »Komm zu mir, mein Sohn. Du siehst, ich bin alt und werde nicht mehr lange leben. Geh und jage ein Tier, und bereite das Wildbret so zu, wie du es immer getan hast. Davon wollen wir essen, und ich werde dir übertragen, was mir gehört. Danach werde ich dir meinen Segen geben.«

Damals wurde gewöhnlich der älteste Sohn zum Nachfolger des Vaters bestimmt. Er bekam den größten Teil des väterlichen Besitzes übertragen. Durch den Segen des Vaters wurden die Nachfolge und das Erbe endgültig festgelegt. Esau eilte hinaus, um den Willen des Vaters Isaak zu erfüllen.

Jakob erfuhr von seiner Mutter Rebekka, die das Gespräch mitgehört hatte, daß Esau von seinem Vater den Segen erhalten sollte. Weil Rebekka Jakob aber besonders gern hatte, wollte sie, daß er die Nachfolge seines Vater übernehmen und den Segen dafür erhalten sollte. So überlegte sie eine List. Sie schickte Jakob aufs Feld, um zwei Ziegen zu schlachten. Rebekka bereitete die Ziegen so, wie Esau das mit seinem Wildbret zu tun pflegte, und schickte Jakob damit zu seinem Vater Isaak.

Der alte, fast blinde Vater ließ sich täuschen und aß von dem Fleisch. Dann bat er den Sohn niederzuknien. In der Meinung, vor ihm knie Esau, gab Isaak seinen Segen an Jakob. So wurde nicht Esau, sondern Jakob zum Nachfolger Isaaks bestimmt.

Als Jakob den Segen des Vaters bekommen hatte, lief er schnell hinaus, um Esau nicht begegnen zu müssen.

Schon kurze Zeit später kehrte Esau mit seinem zubereiteten Wildbret zu seinem Vater zurück. Er trat vor Isaak und sagte: »Hier bringe ich dir das zubereitete Wildbret, Vater.«

Isaak erschrak und fragte: »Wer bist du denn?«

Esau antwortete: »Ich bin Esau, dein ältester Sohn.« Da wußte Isaak, daß er getäuscht worden war und seinem Sohn Jakob den Segen gegeben hatte. Als Esau von Isaak erfuhr, was vorgefallen war, bat er seinen Vater: »Bitte segne auch mich!«

Doch Isaak entgegnete: »Esau, ich habe deinen Bruder Jakob gesegnet. Ich habe ihm alles übertragen. Er wird mein Nachfolger sein.«

Esau lief wütend hinaus, um seinen Bruder zu suchen. Jakob aber war bereits vor Esau geflohen. Er hatte sich auf den Weg nach Haran gemacht. Er wollte zu den Verwandten seiner Mutter Rebekka gehen.

Jakobs wunderbarer Traum

Jakob war auf der Flucht vor seinem Bruder Esau lange unterwegs. Seine Füße schmerzten, er war müde und hungrig. Die Vorräte, welche seine Mutter Rebekka ihm in aller Eile mitgegeben hatte, waren fast verbraucht.

Er fühlte sich einsam und verlassen. Sein Elternhaus lag weit hinter ihm, und er wußte nicht, wann er seinen Vater und seine Mutter wiedersehen würde. Auch der Weg nach Haran zu seinen Verwandten war noch sehr weit.

Als der Abend nahte und die Sonne unterging, war Jakob so erschöpft, daß er beschloß, sich da schlafen zu legen, wo er sich gerade befand. So nahm er einen Stein, legte ihn unter seinen Kopf und schlief ein.

Da hatte Jakob einen wunderbaren Traum. Er träumte von einer langen Treppe, die auf der Erde stand und bis zum Himmel hinaufreichte. Auf der langen Treppe sah er viele Engel auf- und niedersteigen. Und ganz oben auf der Treppe, in hellem Licht, stand der Herr, der zu Jakob sprach: »Jakob, ich bin der Herr, der Gott Abrahams und Isaaks, und ich bin dein Gott für alle Zeit. Ich werde auf deinem langen Weg immer bei dir sein und dich wieder in das Land zurückführen, das ich dir und deinen Nachkommen schenke. Und deine Nachkommen werden zahlreich sein wie der Staub der Erde.«

Als Jakob am frühen Morgen erwachte, rief er freudig aus: »Es ist wahr! Der Herr war bei mir an diesem Ort, und ich wußte es nicht. Aber nun weiß ich: Ich werde nie mehr allein sein, denn der Herr wird immer bei mir sein!«

Jakob stand auf, nahm den Stein, der in der Nacht sein Kopfkissen gewesen war, und stellte ihn zum Andenken auf. Dann betete er: »Du bist der Herr, mein Gott, und ich will immer dir gehören.« Er salbte den Stein und nannte den Ort Bethel, das heißt: Gottes Haus.

Dann ging Jakob nach Haran weiter. Er heiratete dort Rachel. Später zog er mit seiner Frau und seinem ganzen Besitz zurück in sein Land. Eines Nachts sprach der

Herr zu Jakob: »Du sollst nun nicht länger Jakob heißen. Dein Name soll von nun an Israel sein.«

Und so werden Jakobs Nachkommen die Israeliten, die Kinder Israels, genannt.

Josef und seine Brüder

Jakob, auch Israel genannt, hatte zwölf Söhne. Er liebte sie alle, am meisten aber liebte er seinen zweitjüngsten Sohn Josef.

Eines Tages ließ Jakob ein neues, festliches Gewand für Josef machen.

»Seht ihr«, sagten Josefs Brüder zueinander, »der Vater liebt Josef mehr als uns alle.« Und sie sprachen kein gutes Wort mehr mit Josef.

Als sie wieder einmal auf dem Feld bei der Arbeit waren, erzählte Josef seinen Brüdern von seinen Träumen.

»Ich träumte, daß wir bei der Getreideernte waren. Nachdem wir das Korn in Garben gebunden und aufgestellt hatten, blieb meine Garbe aufrecht stehen, eure Garben aber verneigten sich alle vor meiner.«

Da wurden die Brüder ärgerlich und riefen: »Du meinst wohl, du bist besser und mehr als wir!«

Eines Tages hüteten Josefs Brüder die Herden ihres Vaters weit weg von zu Hause. Jakob wollte wissen, wie es ihnen und den Tieren ging, und schickte deshalb Josef zu ihnen hinaus.

Als die Brüder Josef kommen sahen, faßten sie den Plan, ihn umzubringen. »Da kommt ja der Träumer!« riefen sie. »Wir wollen ihn erschlagen und in eine Grube werfen. Dann sagen wir, ein wildes Tier hat ihn gefressen. Mal sehen, was dann aus seinen Träumen wird.«

Aber Ruben, der älteste der Brüder, sagte: »Nein, wir wollen ihn nicht töten. Er ist doch unser Bruder. Wir werfen ihn in eine der leeren Wassergruben.« Ruben hatte nämlich vor, Josef heimlich zu befreien. Als Josef bei seinen Brüdern angekommen war, ergriffen sie ihn, nahmen ihm sein Gewand weg und warfen ihn in eine ausgetrocknete Wassergrube. Alle Bitten Josefs waren vergebens.

Die Brüder aßen und tranken, was Josef ihnen mitgebracht hatte. Da sahen sie, daß eine Gruppe von Kaufleuten mit ihren Kamelen kam. Sie war unterwegs nach Ägypten.

Da beschlossen die Brüder, Josef an die Kaufleute zu verkaufen. Sie zogen Josef aus der Grube heraus und verkauften ihn. Die Kaufleute nahmen Josef mit nach Ägypten.

Ruben hatte während dieser Zeit die Arbeit verrichtet. Als er die leere Grube sah, fragte er: »Wo ist Josef?« Die Brüder antworteten: »Wir haben ihn an die Kaufleute verkauft, die auf dem Weg nach Ägypten hier vorbeikamen.«

Ruben war bestürzt: »Was sollen wir unserm Vater sagen, wenn er nach Josef fragt?« Die Brüder wußten Rat. Sie nahmen Josefs Gewand, schlachteten eine Ziege und tauchten das Gewand in das Blut.

Als sie zu Jakob zurückkehrten, sagten sie: »Vater, sieh, was wir auf dem Feld gefunden haben. Ist das nicht Josefs Gewand?«

Jakob sah das Gewand und rief traurig: »Es ist Josefs Gewand! Er ist tot! Ein wildes Tier hat ihn zerrissen!«

Jakob trauerte lange Zeit um seinen Sohn, weil er annahm, Josef wäre tot.

Der Herr aber wachte über Josef in dem fernen Ägypten. Denn er hatte noch Großes und Wunderbares mit ihm vor.

Josef im fremden Land

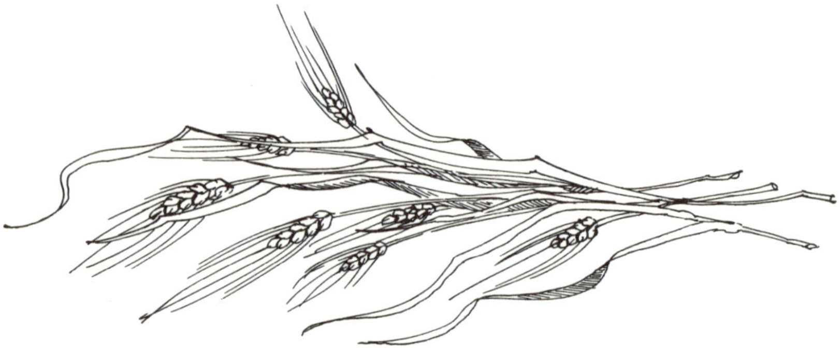

Der König von Ägypten, Pharao genannt, hatte einen seltsamen Traum, und er wollte gern wissen, was dieser Traum zu bedeuten hatte. Aber niemand konnte den Traum deuten. Der König machte sich große Sorgen über seinen Traum. Da sagte eines Tages der Hofmeister zu dem Pharao: »Unter den Gefangenen in unserem Gefängnis ist ein junger Mann, der Träume deuten kann. Er hat mir einen Traum gedeutet, und alles, was er sagte, hat sich genau so ereignet.«

»Bring ihn sofort her zu mir!« befahl der König. Der junge Mann im Gefängnis war Josef.

»Der König will dich sofort sprechen«, sagte der Gefangenenwärter zu Josef.

Josef war überrascht. Er wunderte sich, daß der Pharao ihn sprechen wollte.

Josef bekam neue Gewänder und wurde zum König gebracht. Der König sagte zu Josef: »Ich hatte einen Traum, und nun sollst du mir sagen, was er bedeutet.«

Josef antwortete: »Mit Gottes Hilfe will ich versuchen, deinen Traum zu deuten.«

Da erzählte der König seinen Traum: »Ich stand am Nil, als plötzlich sieben gutgenährte Kühe aus dem Fluß stiegen und im saftigen Gras am Ufer zu weiden begannen. Kurze Zeit später kamen sieben magere, häßliche Kühe aus dem Nil, gingen auf die sieben wohlgenährten Kühe zu und fraßen sie auf. Ich wachte auf, schlief aber wieder ein und hatte einen Traum: Auf einem Getreidehalm wuchsen sieben wunderschöne volle Ähren. Aber nach ihnen wuchsen sieben kümmerliche dünne Ähren. Und diese kümmerlichen Ähren verschlangen die vollen Ähren.«

Josef sagte: »Pharao, die beiden Träume meinen dasselbe. Der Herr will dir damit sagen, daß auf sieben gute Erntejahre sieben Jahre der Mißernten folgen werden. Deshalb mußt du dafür sorgen, daß in den sieben Jahren, in denen Überfluß in Ägypten herrscht, Korn gesammelt und gespeichert wird. Das gespeicherte Getreide wird dann in den folgenden sieben Jahren mithelfen, die Hungersnot zu lindern.«

Der Pharao dankte Josef und sagte zu seinen Vertrauten: »Gott ist wirklich mit diesem Mann.« Dann schenkte er Josef einen wertvollen Ring und neue Gewänder. Anschließend übertrug er Josef die Aufgabe, aus dem Überfluß der Ernten Getreide zu sammeln und zu speichern.

So wurde Josef zu einem bedeutenden Mann in Ägypten. Er wurde der Berater des Königs, und alle achteten und ehrten ihn.

Was Josef vorausgesagt hatte, trat ein. Sieben Jahre lang herrschte Überfluß im Lande. Josef hatte große Speicher bauen lassen, um den Auftrag des Pharaos erfüllen zu können.

Und dann, als das Land unter der großen Dürre litt, die Nahrung immer knapper wurde und die Menschen zu hungern begannen, ließ Josef die großen Getreidespeicher öffnen und das Korn an die Leute verteilen. So konnten sie die sieben Jahre der Not überleben.

Josefs Brüder reisen nach Ägypten

Josef war ein vielbeschäftigter Mann. Alle kamen zu ihm, um Getreide zu kaufen. Die Menschen kamen von überall her. Obwohl Josef nun ein bekannter Mann war, dachte er doch sehr oft an seine Eltern und an seine Brüder.

Eines Tages sah Josef zehn Männer kommen. Sie sahen ganz erschöpft aus. Als sie bei Josef angekommen waren und sich vor ihm verbeugt hatten, erkannte er sie: Es waren seine Brüder. Sofort erinnerte sich Josef an seinen Traum, den er damals seinen Brüdern erzählt hatte. Er hatte ihnen gesagt, daß sich bei der Ernte ihre Garben auf dem Feld vor seiner Garbe verneigt hatten.

Josef merkte, daß seine Brüder ihn nicht erkannt

hatten. Er war ein erwachsener Mann geworden, der einen Bart trug und wie die Vornehmen des Landes gekleidet war.

Josef fragte seine Brüder: »Woher kommt ihr?« Sie antworteten: »Herr, wir kommen von weit her, aus dem Lande Kanaan. Wir möchten Getreide kaufen, denn bei uns herrscht Hungersnot.«

»Das glaube ich nicht«, erwiderte Josef. »Ihr seid sicher Spione. Ihr wollt hier nur auskundschaften, wie man leicht in dieses Land eindringen kann!«

»Nein, Herr«, riefen sie voller Furcht. »Wir sind hierhergekommen, um Getreide zu kaufen. Wir sind keine Spione! Wir alle zehn sind Brüder.«

Josef fragte dann: »Lebt euer Vater noch?«

»Ja, Herr«, antworteten sie. »Er ist schon sehr alt, aber er lebt noch. Unser jüngster Bruder ist bei ihm geblieben.«

Josef freute sich, als er erfuhr, daß sein Vater und sein jüngster Bruder Benjamin noch lebten. Aber er ließ sich nichts anmerken.

»Ihr seid aber doch Spione«, sagte Josef noch einmal. »Wenn ihr keine Spione seid, beweist es: Holt euren jüngsten Bruder, und bringt ihn zu mir. In der Zwischenzeit aber muß einer von euch hierbleiben, damit ich sicher bin, daß die anderen auch wiederkehren.«

Einer der Brüder wurde ins Gefängnis gebracht, die anderen zogen mit Getreide beladen nach Kanaan zurück.

Es vergingen viele Monate. Josef wartete auf die Ankunft der Brüder. Endlich kam der Tag. Josef sah sie und seinen Bruder Benjamin kommen. Josef freute sich auf das Wiedersehen, ließ sich aber wieder nichts anmerken.

Die Brüder näherten sich furchtsam und verneigten sich tief vor ihm. Josef sagte zu ihnen: »Ihr seid sicher sehr müde von der langen Reise. Kommt, ruht euch aus, und eßt mit mir.«

Die Brüder sahen einander an. Warum war der Ägypter so nett zu ihnen? Sie verstanden das nicht! Sie wunderten sich aber noch mehr, als Josef sie genau ihrem Alter nach am Tisch Platz nehmen ließ. Woher wußte der vornehme Ägypter, wie alt jeder von ihnen war?

Am nächsten Morgen bereits war alles fertig für die Abreise. Die Brüder freuten sich, daß sie mit gefüllten Getreidesäcken nun schnell wieder nach Hause ziehen durften. Sie verabschiedeten sich alle elf und stellten sich vor, wie ihr Vater sich über ihre Heimkehr freuen würde.

Sie hatten in der Vorfreude auf das Wiedersehen mit

ihrem Vater schon ein Stück des Weges zurückgelegt, als plötzlich ägyptische Reiter hinter ihnen riefen: »Halt! Unser Herr war gut zu euch, aber ihr habt es ihm schlecht vergolten! Warum habt ihr ihn bestohlen?«

»Wir haben nichts gestohlen«, erwiderten die Brüder. In Benjamins Sack jedoch fanden die Reiter die gesuchten Gegenstände. Obwohl Benjamin seine Unschuld beteuerte, mußten die elf Brüder den Reitern folgen. Vor Josef warfen sich die Brüder nieder und baten ihn, Benjamin zum Vater nach Kanaan zurückkehren zu lassen; denn den Verlust des jüngsten Sohnes würde er nicht überleben.

Da endlich gab Josef sich zu erkennen: »Fürchtet euch nicht länger«, sagte er. »Ich bin euer Bruder Josef!« Zuerst erschraken die Brüder, dann aber freuten sie sich darüber, daß alles so gut geworden war.

Josef schickte seine Brüder nach Hause. Sie sollten den alten Vater und die ganze Familie zu ihm nach Ägypten bringen und dann für immer bei ihm bleiben.

Die Freude über das Wiedersehen mit dem alten Vater Jakob war groß. Und alle dankten frohen Herzens ihrem Herrn und Gott dafür, daß er sie wieder zusammengeführt hatte.

Moses im Korb

Am Ufer des großen Flusses Nil in Ägypten wohnte ein Ehepaar mit seiner jungen Tochter Miriam. Sie gehörten zu den Nachkommen Israels, die vor langer Zeit in Ägypten gelebt hatten.

Der neue König von Ägypten sah mit großem Unbehagen, wie das Volk der Israeliten sich vermehrte und immer stärker wurde. Deshalb beschloß er, die Israeliten zu schwersten Arbeiten einzusetzen. Er beauftragte Aufseher mit der Überwachung der Arbeiten und machte aus den Israeliten Sklaven. Dann gab er den Befehl, alle neugeborenen Jungen der Israeliten in den

Nil zu werfen. Nur die Mädchen sollten am Leben bleiben. Eines Tages gebar auch Miriams Mutter einen Sohn. Miriam freute sich über den Bruder. Aber die Mutter befahl ihr, niemandem etwas von der Geburt des kleinen Jungen zu erzählen.

Drei Monate gelang es der Familie, den Jungen versteckt zu halten. Dann flochten Miriam und ihre Mutter einen Korb aus Binsen, machten ihn mit Pech wasserfest, legten das Kind hinein und setzten das Binsenkörbchen am Flußufer im Schilf aus. Miriam blieb in der Nähe, um zu sehen, was geschehen würde. Es dauerte nicht lange, da kam die Tochter des Pharaos mit einigen Dienerinnen an den Nil, um zu baden. Während die Dienerinnen am Ufer auf und ab gingen, entdeckte die Pharaonentochter das Binsenkörbchen im Schilf. Sie öffnete das Körbchen und sah das kleine Kind darin. Sie sagte voller Mitleid: »Das ist sicher ein Kind der Israeliten.«

Da kam Miriam auf die Königstochter zu und fragte: »Soll ich eine Amme für das Kind rufen?« Die Tochter des Pharaos sagte: »Ja, lauf schnell, und hole eine Amme für das Kind!«

Miriam lief, so schnell sie konnte, zu ihrer Mutter und erzählte ihr, was geschehen war. Die Mutter freute sich, daß ihr Kind gerettet war. Sie eilte zu der Königstochter an den Fluß und nahm ihren kleinen Sohn in die

Arme. Die Tochter des Pharaos aber sagte: »Zieh diesen kleinen Jungen für mich auf. Ich will dich dafür belohnen. Wenn er größer geworden ist, werde ich ihn zu mir in den Königspalast holen lassen. Ich will dem Jungen den Namen Moses geben, weil ich ihn aus dem Wasser gezogen habe.«

So konnte die Mutter ihren Sohn zu sich nach Hause nehmen und Moses ohne Sorgen großziehen, bis die Königstochter den Jungen zu sich in den Palast nahm.

Eine lange Wanderung beginnt

Die Israeliten in Ägypten wurden immer zahlreicher. Der Pharao aber unterdrückte das israelitische Volk immer stärker.

Gott im Himmel sah, wie seine Kinder unter der Zwangsarbeit und der Unterdrückung durch den König von Ägypten litten. Und er beschloß, ihnen zu helfen.

Der Herr wollte den Israeliten einen Führer geben, der sie von der Macht des Pharaos befreite. Für dieses Vorhaben hatte Gott Moses auserwählt.

Nachdem Moses zum Mann herangewachsen war, ging er häufiger zu seinen Stammesbrüdern, die auf den Feldern hart arbeiten mußten. Eines Tages, als er wieder auf dem Weg zu den Feldern war, sah er einen brennenden Dornbusch. Als er sich dem Busch näherte, hörte er eine Stimme, die rief: »Moses, tritt nicht näher heran!«

Moses dachte sofort: »Das kann nur die Stimme des Herrn sein, die aus dem brennenden Dornbusch spricht.« Und er blieb stehen, um zu hören, was Gott ihm sagen wollte.

Die Stimme des Herrn sprach zu Moses: »Ich sehe die Leiden meiner Kinder, der Israeliten, in Ägypten. Sie rufen zu mir und bitten mich um Hilfe. Deshalb möchte ich sie aus Ägypten hinausführen. Und du sollst die Aufgabe übernehmen, die Israeliten in jenes Land zu geleiten, das ich ausgewählt habe. Geh jetzt zum Pharao, und verlange, daß er mein Volk ziehen läßt. Fürchte dich nicht! Ich werde bei dir sein.«

Moses nahm den Auftrag Gottes an. Er wußte, daß der König von Ägypten nicht bereit sein würde, die Israeliten aus seinem Land wegziehen zu lassen. Als die Israeliten von Moses erfuhren, daß Gott sie aus der Macht des Pharaos befreien wollte, freuten sie sich sehr. Sie bereiteten sich auf den Weg in das ferne, fruchtbare Land vor, das der Herr ihnen versprochen hatte.

Moses ging zum König und verlangte von ihm, alle Israeliten sofort aus Ägypten auswandern zu lassen. Aber der König wollte die Israeliten nicht freigeben.

Moses warnte den Pharao: »Wenn du das israelitische Volk nicht gehen läßt, wird der Herr, unser Gott, dich strafen.« Doch der Pharao hörte nicht auf die Warnung. Da strafte Gott den König und sein ägyptisches Volk auf vielfache Weise, bis der König bereit war, die Israeliten wegziehen zu lassen.

Nun begann ein langer und beschwerlicher Weg für die Israeliten in das ihnen von Gott versprochene Land.

Moses führte das Volk. Er folgte tagsüber einer großen weißen Wolke, die ihm den Weg wies. In der Nacht wurde die Wolke zu einer glühenden Säule, die den Weg erleuchtete. Sobald die Wolke am Himmel stehenblieb, wurde Rast gemacht, bis die Wolke ihren Weg fortsetzte. Moses und die Israeliten wußten, daß die Wolke ihnen zeigte: Gott ist bei euch! Fürchtet euch nicht! Ich führe euch in das Land, das ich euch durch Moses versprochen habe.

Gott rettet die Israeliten

Der Weg der Israeliten war lang und beschwerlich. Aber die Menschen wußten, daß Gott bei ihnen war. Auf ihrem Weg kamen sie eines Tages an das Rote Meer. Hier blieb die Wolke stehen, und die Israeliten rasteten. In der Zwischenzeit bereute es der Pharao, daß er das israelitische Volk freigelassen hatte. Deshalb gab er den Befehl, die Israeliten durch seine gutausgebildeten Soldaten einzuholen und nach Ägypten zurückzubringen. Der Pharao selbst befehligte seine Soldaten. Mit ihren schnellen Kampfwagen kamen die Ägypter schon bald am Roten Meer an, wo die Israeliten lagerten. Die Israeliten hörten die Ägypter kommen. Sie gerieten in Angst. Wie sollten sie sich gegen die bewaffneten Soldaten verteidigen? Wohin sollten sie fliehen?

Doch Moses sprach zu den Israeliten: »Habt keine Angst. Gott wird uns helfen! Schaut zu, wie er uns aus dieser Gefahr rettet!« Dann hielt er seinen Wanderstab hoch. Sofort erhob sich ein starker Sturm. Die Wolke, die vor den Israeliten hergezogen war, trat zwischen die ägyptischen Reiter und das israelitische Volk. Auf der Seite der Ägypter wurde es ganz finster, aber den Israeliten spendete die Wolke Licht. Dann streckte Moses die Hand über das Meer aus, und das Wasser teilte sich. Der starke Sturm trocknete einen Weg zwischen dem geteilten Wasser aus, und die Israeliten konnten auf trockenem Boden das Meer durchqueren.

Als die dunkle Wolke fortzog und die Ägypter sahen, was geschehen war, jagten sie mit ihren Kampfwagen hinter den Israeliten über den trockenen Weg durch das Meer nach.

Da sagte Gott zu Moses: »Strecke deine Hand über das Meer aus, damit das Wasser zurückfließt und den Pharao mit seinen Soldaten zudeckt.«

Alle Ägypter kamen in den Fluten um. Die Israeliten aber waren auf trockenem Boden auf die andere Seite des Meeres gelangt. Sie sangen und lobten Gott, ihren Herrn, der sie auf wunderbare Weise durch die Hand ihres Führers Moses gerettet hatte.

Die Wanderung durch die Wüste

Die Israeliten folgten ihrem Führer Moses auf dem langen Weg in das Land, das Gott ihnen versprochen hatte. Ihre Wanderung führte auch durch die Wüste. Die große weiße Wolke zog immer noch vor ihnen her und wies ihnen den Weg.

Allmählich gingen die Wasservorräte zu Ende, und der Durst wurde in der trockenen Hitze der Wüste unerträglich. Die Leute kamen zu Moses und baten um Wasser.

Wie immer in der Not, bat Moses Gott um Hilfe. Und wie immer gewährte Gott Moses seine Hilfe. Er sagte zu ihm: »Nimm deinen Stab in die Hand, und schlage an jenen Felsen. Dann wird Wasser herausfließen, und das Volk kann trinken.«

Als Moses tat, was der Herr ihm gesagt hatte, konnten alle ihren Durst löschen.

Die Israeliten wußten nun, daß Gott für sie sorgte. Dennoch waren sie nicht zufrieden, und eines Tages kamen sie wieder zu Moses und beklagten sich.

»Wir haben nicht mehr genug zu essen«, sagten sie. »Woher sollen wir hier in der Wüste Nahrung bekommen?«

Moses wandte sich wieder an den Herrn und bat ihn um Hilfe. Gott gewährte sie ihm. Er sprach: »Ich werde euch Brot vom Himmel regnen lassen, und ihr werdet erkennen, daß ich, euer Herr, immer für euch sorgen werde.«

Am nächsten Morgen, als die Israeliten erwachten, lag etwas Feines, Weißes, Knuspriges auf der Erde. Die Leute wußten nicht, was das war. Sie fragten einander: »Was ist das?«

Da sagte Moses zu ihnen: »Das ist das Brot, das der Herr euch zu essen gibt.« Die Israeliten sammelten das Brot. Sie nannten es Manna. Während ihrer Wanderung fanden die Israeliten jeden Morgen das Manna. Sie brauchten keinen Hunger zu leiden.

Eines Morgens wehte vom Meer her ein heftiger

Sturm. Tausende von Vögeln wurden vom Sturm auf das Lager zugetrieben und fielen erschöpft zur Erde nieder. Nun hatten die Israeliten auch genug Fleisch zu essen.

Moses auf dem Berg Sinai

Drei Monate nach ihrem Auszug aus Ägypten kamen die Israeliten in die Wüste Sinai. Gegenüber dem Berg Sinai blieb die weiße Wolke stehen, und die Menschen schlugen ihre Zelte auf.

Moses stieg ein Stück den Berg hinauf, um mit Gott zu sprechen. Da rief ihm der Herr vom Berg her zu: »Sage den Israeliten: Ihr habt gesehen, wie ich euch aus der Macht der Ägypter befreit habe. Ihr habt erlebt, wie ich euch bis hierher geleitet habe. Jetzt aber, wenn ihr auf mich hört und meinen Bund haltet, werdet ihr unter allen Völkern als mein Volk hervorgehoben sein. Ihr sollt mir als mein heiliges Volk gehören.«

Moses stieg zu dem Volk hinab und verkündete, was

der Herr ihm aufgetragen hatte. Da antworteten die Israeliten einstimmig: »Wir wollen alles tun, was der Herr uns sagt.«

Moses überbrachte dem Herrn die Antwort. Da sprach Gott zu Moses: »Ich werde in einer dichten Wolke zu dir kommen. Das Volk soll hören, was ich zu dir spreche. Es soll wissen, daß es dir immer glauben kann.«

Nachdem sich die Israeliten auf den großen Tag, an dem Gott zu ihnen sprechen wollte, vorbereitet hatten, begann es am Morgen des dritten Tages zu donnern und zu blitzen. Lauter Hörnerklang erschallte, und der ganze Berg Sinai war in Rauch gehüllt, denn der Herr war im Feuer auf ihn herabgestiegen. Die Menschen fürchteten sich sehr. Moses aber führte sie dem Herrn entgegen. Am Fuße des Berges blieben sie stehen. Nur Moses ging näher auf den Herrn zu.

Dann begann der Berg zu beben, der Schall der Hörner wurde immer lauter, und Gott redete mit Moses, und alle konnten ihn hören:

»Ich bin Jahwe, dein Gott, der dich aus Ägypten geführt hat. Du sollst nur mich, deinen Gott, lieben und dich nicht vor anderen Göttern niederwerfen. Denn nur ich allein bin der Herr, dein Gott.

Du sollst den Namen deines Gottes nicht mißbrauchen. Du sollst den Sabbat als Ruhetag halten. Sechs

Tage darfst du arbeiten, der siebente Tag ist als Ruhetag für deinen Herrn geweiht. Denn auch Gott hat nach der Erschaffung der Welt geruht.

Deinen Vater und deine Mutter sollst du lieben und achten.

Du sollst nicht morden.

Du sollst nicht die Ehe brechen.

Du sollst nicht stehlen.

Du sollst nichts Falsches über deinen Nächsten sagen und nicht nach der Frau des Nächsten verlangen. Du sollst nicht irgend etwas verlangen, das deinem Nächsten gehört.«

Moses schrieb alles, was Gott ihm am Sinai gesagt hatte, auf zwei steinerne Tafeln, damit die Menschen es nicht vergessen sollten.

Josua führt die Israeliten nach Kanaan

Nachdem Moses gestorben war, hatte der Herr Josua beauftragt, die Israeliten in das Land zu führen, das er ihnen versprochen hatte.

Nach jahrelanger Wanderung kam das Volk an den Jordan. Der Herr sprach zu Josua: »Zieh mit dem Volk über diesen Fluß. Das Land, das ihr betreten werdet, soll euch gehören. Habt keine Angst. Ich werde euch beschützen, wenn ihr das tut, was ich euch sage.«

Josua versammelte die Israeliten um sich und berichtete, was der Herr ihm gesagt hatte. Am frühen Morgen des nächsten Tages brach Josua mit dem Volk auf. Vor dem langen Zug schritten die Priester mit der Bundeslade, in der die Tafeln aufbewahrt wurden, auf denen die Gebote Gottes aufgeschrieben waren. Als die Priester, die die Bundeslade trugen, ihre Füße in das Wasser des Jordan setzten, hörte der Fluß zu fließen auf. Das Volk konnte trockenen Fußes bis zur Stadt Jericho gehen.

Der König von Jericho aber hatte die Stadttore schließen lassen, um den Israeliten das Betreten der Stadt unmöglich zu machen.

Da sagte der Herr zu Josua: »Ich gebe Jericho, seinen König und alle seine Menschen in deine Gewalt.

Zieht heute und in den folgenden sechs Tagen mit der Bundeslade um die Stadt. Am siebenten Tag sollt ihr siebenmal um die Stadt gehen, und die Priester sollen die Hörner blasen. Beim siebentenmal soll dann das Volk laut schreien, sobald die Priester das Widderhorn erschallen lassen.«

Die Israeliten taten, was der Herr ihnen durch Josua befohlen hatte. Beim Klang des Widderhorns stimmten sie ein lautes Geschrei an. Da brachen die Mauern der Stadt Jericho zusammen, und die Israeliten konnten in die Stadt eindringen und sie in ihren Besitz nehmen.

Gideon siegt im Namen des Herrn

Gideon war gerade dabei, im Auftrag seines Vaters Weizen zu dreschen, als ein Engel Gottes zu ihm kam. Der Engel grüßte Gideon mit den Worten: »Der Herr ist mit dir!«

Gideon blickte von seiner Arbeit auf und fragte: »Wenn der Herr mit mir ist, warum läßt er uns so viel leiden? Warum läßt er uns von den Midianitern unterdrücken?«

Der Engel antwortete: »Der Herr hat dich auserwählt, die Israeliten aus der Gewalt eurer Unterdrücker zu befreien. Führe aus, was er dir aufträgt!«

Gideon blies in sein Widderhorn und schickte Boten

in das ganze Land. Alle Männer folgten daraufhin seinem Aufruf.

Da sprach der Herr zu Gideon: »Die Zahl der Kämpfer ist zu groß. Wenn deine Soldaten siegen, wird unser Volk sagen: Es lag an der Größe des Heeres. Niemand wird glauben, daß ich, der Herr, euer Gott, euch geholfen habe. Deshalb gib den Soldaten die Anweisung: ›Wer sich vor dem Kampf fürchtet, soll zu seiner Familie zurückgehen.‹«

Gideon tat, was der Herr ihm gesagt hatte, und viele tausend Männer verließen ihn. Dennoch blieben zehntausend bei ihm.

Da sprach der Herr zu Gideon: »Das Heer ist noch zu groß. Führe deine Soldaten an jene Quelle hinab. Wer von den Männern das Wasser mit den Händen schöpft, den schicke weg; wer von ihnen das Wasser mit der Zunge aufleckt, den behalte.«

Nur dreihundert leckten das Wasser auf. Mit ihnen sollte Gideon die Midianiter besiegen. In der Nacht sagte Gott zu Gideon: »Zieh nun zum Lager der Feinde.«

Gideon weckte die Männer, um mit ihnen im Schutz der Dunkelheit zum Lager der Midianiter zu ziehen. Er teilte die dreihundert Soldaten in drei Gruppen ein und gab jedem ein Widderhorn und einen leeren Krug, in dem eine Fackel versteckt war. Dann sagte er: »Der Herr wird mit uns sein und uns über die Feinde siegen lassen. Paßt von nun an genau auf, was ich tue, und macht mir alles nach! Wenn wir das Lager erreicht haben, werde ich in mein Horn blasen. Dann müßt auch ihr sofort in eure Hörner blasen und laut rufen: ›Für den Herrn und für Gideon!‹«

Als Gideon das Lager der Feinde mit seinen Soldaten umstellt hatte, blies er in sein Horn und zerschlug seinen Krug. Sofort bliesen seine Männer in die Hörner, zerschlugen die Krüge und riefen: »Für den Herrn und für Gideon!«

Der Lärm und das Licht der Fackeln verwirrten die Midianiter so sehr, daß sie aufeinander losgingen oder flüchteten. Gideon aber verfolgte die fliehenden Feinde bis zum Jordan.

Nun erkannten die Israeliten, daß Gott der Herr ihnen geholfen hatte.

Der starke Samson

Zu der Frau eines Ehepaares, das keine Kinder hatte, kam eines Tages ein Engel und sagte: »Du wirst einem Sohn das Leben schenken. Diesem Jungen darfst du nie die Haare schneiden. Er wird von seiner Geburt an in besonderer Weise Gott dem Herrn gehören.« Die Frau war überglücklich. Sie lief zu ihrem Mann und erzählte ihm, was der Engel gesagt hatte. Auch er freute sich sehr, und beide brachten dem Herrn ein Dankopfer dar.

Als der Sohn geboren war, nannten sie ihn Samson. Der Junge wuchs schnell heran, er war größer und stärker als die Gleichaltrigen.

Samsons Eltern befolgten, was der Engel gesagt hatte. Sie ließen sein Haar wachsen und schnitten es nie.

Als Samson ein junger Mann geworden war, gab es

niemanden, der stärker war als er. Eines Tages, als er über das Feld ging, wurde er von einem Löwen angesprungen.

Samson ergriff den Löwen und tötete ihn.

An einem anderen Tag fing Samson hundert Füchse. Er band immer zwei Fuchsschwänze zusammen und eine brennende Fackel dazwischen und jagte die Tiere brennend in die Getreidefelder der Philister. Ein großer Teil des Getreides der Feinde verbrannte.

Samson verliebte sich in ein junges Mädchen, das Dalila hieß. Zu Dalila kamen eines Tages Abgesandte der Philister. Sie versprachen ihr wertvolle Geschenke, wenn sie ihnen das Geheimnis der Stärke Samsons verraten würde. Die Philister wollten Samson fangen, um ihn zu töten. Weil er aber so stark war, wagten sie es nicht, gegen ihn zu kämpfen.

Als Dalila mit Samson allein war, bat sie ihn, ihr das Geheimnis seiner Kraft mitzuteilen. Samson sagte zu Dalila: »Wenn man mich mit sieben frischen Bogensehnen bindet, verliere ich meine besondere Stärke und bin wie jeder andere Mann.«

Dalila band Samson mit sieben Sehnen und rief laut: »Die Feinde sind hier!« Und in diesem Augenblick sprangen Männer aus dem Hinterhalt, um Samson zu überwältigen. Samson aber riß die Sehnen entzwei, und die Feinde stürzten ängstlich davon.

»Du hast mich belogen«, sagte Dalila zu Samson. »Bitte, erzähle mir die Wahrheit über deine Kraft.«

Er antwortete: »Ich werde schwach, wenn man mich mit neun Stricken bindet, die bisher noch zu keiner Arbeit gebraucht wurden.«

Aber als Dalila ihn gebunden hatte und die Philister auf dem Versteck sprangen, um Samson gefangenzunehmen, riß er die Stricke entzwei, und die Feinde flohen.

»Du warst wieder nicht aufrichtig zu mir«, sagte Dalila. »Erzähle mir nun endlich, wie es sich wirklich um deine besonderen Kräfte verhält.«

Als sie in ihrem Drängen nicht nachließ, verriet er ihr schließlich das Geheimnis. Er sagte: »Meine Eltern haben Gott versprochen, die Haare auf meinem Kopf nicht zu schneiden. Sobald meine Haare kurz geschnitten werden, wird meine Kraft nicht größer als die anderer Männer sein.«

Diesmal wußte Dalila, daß Samson die Wahrheit gesprochen hatte. Sie verriet das Geheimnis an die Philister, schnitt Samsons Haare, während er schlief, und ließ die Feinde im Hinterhalt lauern.

Dann rief Dalila laut: »Samson, die Feinde sind hier!«

Samson sprang auf, merkte aber sogleich, daß seine Kräfte ihn verlassen hatten. Er wurde überwältigt und als Gefangener weggeführt. Dann wurde er in einen dunklen Kerker geworfen und geblendet. Er mußte schwere Arbeit für die Philister verrichten. Aber langsam wuchsen seine Haare wieder. Samson begann auch wieder an den Herrn zu denken.

Zu dieser Zeit feierten seine Feinde ein großes Fest zu Ehren eines ihrer Götter. Sie hatten sich in einem Prachtbau, der von zwei riesigen Pfeilern getragen wurde, versammelt. Die Philister befanden sich in ausgelassener Stimmung, als jemand rief: »Holt Samson, den starken Mann, hierher. Er soll uns etwas vortanzen.« Samson wurde geholt. Ein Junge führte ihn herein, und alle machten sich über Samson lustig.

Da bat Samson den Jungen, ihn zu den tragenden Säulen zu führen. Langsam, Schritt für Schritt, führte der Junge den blinden Samson auf die beiden Säulen zu. Als Samson die Säulen betastet hatte, bat er den Herrn: »Herr, mein Gott, gib mir noch ein einziges Mal die Kraft, die du mir einst verliehen hattest.«

Dann stemmte er sich mit seiner ganzen Kraft gegen die beiden Pfeiler und brachte das Gebäude zum Einsturz. Die Gastgeber und mit ihnen die vielen geladenen Philister wurden unter den Trümmern des Gebäudes begraben. Auch Samson wurde von den herabstürzenden Steinen erschlagen.

Rut

Im Lande Israel hatte es lange nicht geregnet. Die Dürre führte zu geringen Ernteerträgen, und die Menschen begannen Hunger zu leiden.

Da sagte Elimelech, der mit seiner Familie in Betlehem lebte, zu seiner Frau Naomi: »Laß uns mit unseren Söhnen weit weg in ein Land ziehen, wo wir genug Nahrung finden.«

Sie packten ihre Sachen und wanderten mit ihren beiden Söhnen weit weg bis in ein fremdes Land. Dort ließen sie sich nieder. Aber sie fühlten sich in der fremden Umgebung nicht wohl. Die Menschen sprachen eine fremde Sprache und beteten nicht zu dem einen Gott wie die Israeliten, sondern beteten viele Götter an.

Schon nach wenigen Jahren starb Elimelech. Seine Frau und die beiden Söhne trauerten lange um ihn. Später, als die Söhne erwachsen waren, heirateten sie junge Frauen, die in dem fremden Land aufgewachsen waren. Sie hießen Rut und Orpa. Beide Schwiegertöchter waren gut zu Naomi. Da geschah das Furchtbare: Beide Söhne wurden krank und starben. Naomi bekam großes Heimweh. Sie wollte nicht mehr länger in dem Land bleiben, in dem sie ihren Mann und ihre Söhne verloren hatte. Sie wollte wieder nach Betlehem zurückziehen.

Nachdem sie erfahren hatte, daß die Hungersnot in der Heimat vorüber war, rief sie ihre Schwiegertöchter zu sich und sagte: »Meine Töchter, ich habe mich entschlossen, in meine Heimat zurückzugehen. Ihr beide aber sollt hier bei eurem Volk bleiben.«

Rut und Orpa aber wollten mit Naomi gehen. Sie begleiteten ihre Schwiegermutter ein Stück des Weges. Dann aber sagte Naomi noch einmal: »Bitte, meine Töchter, bleibt in eurer Heimat. Ihr wart beide gut zu mir. Ich danke euch dafür! Möge der Herr euch segnen!«

Orpa kehrte nun zu ihrem Volk zurück. Doch Rut blieb. Sie sagte: »Ich verlasse dich nicht, Mutter Naomi. Ich möchte mit dir gehen. Und wo immer du leben wirst, da werde auch ich sein. Und dein Gott soll auch mein Gott sein.«

So ging Rut mit Naomi nach Betlehem.

Die Leute in Betlehem erkannten Naomi zunächst nicht wieder, weil sie so alt und grau geworden war. Doch dann freuten sie sich über ihre Heimkehr und nahmen sie und Rut gern bei sich auf.

Naomi bat die Leute, sie von nun ab Mara zu nennen, weil sie so viel Leid hatte ertragen müssen und als einzige von den vieren, die ausgewandert waren, zurückgekommen war.

Auf den Feldern rings um Betlehem begann die Getreideernte. Die armen Leute durften auf den abgeernteten Feldern Ähren sammeln, die übriggeblieben waren.

Auch Rut ging auf die Felder hinaus, um übriggebliebene Ähren zu sammeln. Sie kam dabei auf das Feld eines reichen Mannes, der Boas hieß. Boas erkundigte sich bei den Erntehelfern nach dem Namen der Frau. Sie sagten ihm: »Das ist Rut, Naomis Schwiegertochter.« Rut gefiel dem reichen Bauern immer mehr, und er sagte zu seinen Helfern: »Laßt viele Ähren fallen, damit Rut mehr finden kann.«

Weil Boas Rut zu lieben begann, fragte er sie bald, ob sie seine Frau werden wollte. Rut willigte gern ein.

Bald hatten Boas und Rut einen Sohn. Nicht nur die Eltern freuten sich, sondern auch Naomi war glücklich, daß der Herr ihr einen Enkelsohn durch Rut geschenkt hatte.

Der Junge bekam den Namen Obed. Er wurde der Großvater Davids, der später König von Israel wurde.

Der Herr spricht zu einem kleinen Jungen

Eli war ein alter Mann. Er lebte in dem kleinen Ort Schilo als Tempelpriester.

Als Eli eines Tages wieder vor einem Türpfosten des Tempels saß, sah er Hanna mit ihrem Mann kommen. Das Ehepaar kam jedes Jahr einmal von weit her, um im Heiligtum des Herrn zu beten.

Hanna betete lange im Tempel. Sie bat den Herrn: »Ich wünsche mir nichts sehnlicher als einen Sohn. Wenn du, Herr, meinen Wunsch erfüllst und mir einen Sohn schenkst, so soll sein ganzes Leben dir geweiht sein.«

Eli beobachtete Hanna im Tempel. Er sah, wie die Frau ihre Lippen bewegte, aber er hörte keinen Laut. Da dachte er: Die Frau muß betrunken sein. Deshalb ging er auf Hanna zu und fragte sie: »Wie kannst du so betrunken in den Tempel kommen?« Hanna aber antwortete: »Ich bin nicht betrunken, Vater Eli. Ich habe dem Herrn nur meine Wünsche vorgetragen.«

Da tat es Eli leid, was er von der Frau gedacht hatte, und er sagte: »Möge der Herr dir gewähren, was du von ihm erbeten hast.«

Ein Jahr später bekam Hanna einen Sohn. Sie war sehr glücklich und nannte ihn Samuel, das bedeutet: der vom Herrn erbeten wurde.

Täglich unterrichtete Hanna ihren Sohn über den Herrn. Sie erzählte Samuel auch, wie Gott ihre Bitte erfüllt hatte. Und Samuel liebte den Herrn. Als der Junge herangewachsen war, brachte Hanna ihn zu Eli und sagte: »Vater Eli, vor ein paar Jahren war ich im Tempel, um Gott zu bitten, mir meinen größten Wunsch zu erfüllen. Der Herr hat mich erhört und mir einen Sohn geschenkt. Ich hatte dem Herrn ein Versprechen gegeben, das ich nun erfüllen möchte: Hier, nimm meinen Sohn. Er soll dem Herrn, unserm Gott, im Tempel dienen.«

Dann ging Hanna Gott lobend und preisend nach Hause.

Samuel lebte von nun ab bei Eli und half ihm beim

Dienst im Tempel von Schilo. Jedes Jahr kamen Samuels Eltern, um ihren Sohn zu besuchen und im Tempel zu beten. Sie freuten sich, daß ihr Junge seinen Dienst im Tempel so gut verrichtete und bei allen Menschen beliebt war. Samuel liebte seine Eltern sehr, aber er wußte, welche Aufgabe er zu erfüllen hatte. Eines Nachts, als Samuel im Hause des Herrn schlafen durfte, um am frühen Morgen die Tore zu öffnen, wachte er plötzlich auf, denn er hörte seinen Namen rufen. Sofort stand er auf und ging zu Eli: »Du hast mich gerufen. Hier bin ich.«

Doch Eli sagte: »Ich habe dich nicht gerufen. Geh und schlafe weiter.«

Samuel legte sich schlafen. Da hörte er wieder seinen Namen rufen. Samuel stand auf, ging zu Eli und sagte: »Du hast mich gerufen. Hier bin ich.«

Eli aber erwiderte: »Ich habe dich nicht gerufen. Geh wieder schlafen.«

Es dauerte nicht lange, da hörte Samuel zum drittenmal ganz deutlich seinen Namen rufen. Er stand wieder auf, eilte zu Eli und sagte: »Du hast mich gerufen. Hier bin ich.«

Da wußte Eli, daß der Herr Samuel gerufen hatte. Er sagte deshalb zu dem Jungen: »Geh wieder schlafen, Samuel. Wenn du aber den Ruf noch einmal hörst, dann antworte: ›Sprich, Herr, dein Diener hört.‹«

Samuel legte sich wieder schlafen. Da hörte er seinen Namen rufen. Er sprang von seinem Lager auf und sagte: »Sprich, Herr, dein Diener hört.«

Da sprach der Herr zu Samuel und gab ihm eine Botschaft an Eli.

Am nächsten Morgen gab Samuel die Botschaft an Eli weiter. Und bald wußten die Menschen im weiten Umkreis, daß Gott zu Samuel gesprochen hatte.

Als Samuels Mutter davon erfuhr, freute sie sich sehr. Gott hat noch oft zu Samuel gesprochen, und Samuel wurde ein großer Prophet der Israeliten.

Der Hirtenjunge, der ein König wurde

David war ein Junge, der gern sang und die Harfe spielte, während er die Schafherden seines Vaters hütete. David sang und spielte vor allem gern Lieder, die von den Wundertaten des Herrn berichteten, die Gott an seinem Volk Israel vollbracht hatte.

»Ja«, dachte David eines Tages, »der Herr behütet mich, wie ich die Schafe meines Vaters vor Unheil bewahre.«

David dichtete auch selbst gern Lieder, die wir heute Psalmen nennen. Einer dieser Psalmen heißt: »Der Herr ist mein Hirte.«

David hatte aber nicht nur seine Harfe bei sich. Er trug auch immer eine kleine Steinschleuder mit sich.

Und er konnte sehr geschickt mit dieser Schleuder umgehen. Täglich übte er den Steinwurf mit der Schleuder und traf bald jedes Ziel.

Eines Tages, als David wieder die Schafe hütete, hörte er ein lautes Knurren. David sah einen Löwen, der sprungbereit hinter einem Busch lauerte, um ein Lamm zu fangen. David nahm einen Stein auf und schleuderte ihn mit aller Kraft nach dem Löwen. Der Stein traf den Löwen am Kopf. Der Löwe sprang sofort David an. Doch der Junge war darauf gefaßt und tötete das Tier mit seinem Messer.

David hat noch mehrmals die Schafe seines Vaters vor Löwen und Bären beschützt. Er wußte, daß er im Vertrauen auf Gottes Hilfe alle Gefahren bestehen würde.

In jener Zeit lebte der Prophet Samuel im Lande Israel. Samuel war sehr alt geworden, als eines Tages der Herr zu ihm sagte: »Samuel, du mußt nach Betlehem wandern. Dort sollst du einen Mann besuchen, der Isai heißt. Er hat acht Söhne. Einen von ihnen habe ich zum König auserwählt.«

Samuel ging sofort nach Betlehem, wie ihm der Herr befohlen hatte. Er bat Isai, seine Söhne herbeizurufen. Isai wunderte sich über den Wunsch des Propheten, tat jedoch, worum Samuel ihn gebeten hatte.

Samuel sah jeden der Söhne genau an. Jedesmal, wenn er dachte, daß er den zum König Auserwählten gefunden hatte, sprach der Herr zu Samuel: »Schau nicht auf das Äußere. Nicht die Kraft und die Schönheit sind entscheidend. Der Herr schaut auf das Herz des Menschen.«

So sagte Samuel bei jedem der sieben Söhne, die Isai hatte rufen lassen: »Der Herr hat diesen nicht auserwählt.« Und schließlich fragte er: »Sind das alle Söhne, die du hast?«

Isai antwortete: »Es ist noch einer da, der jüngste. Er ist draußen und hütet meine Schafe. Soll ich ihn holen lassen?« Auf Samuels Wunsch kam David angelaufen.

Der Herr sprach zu Samuel: »Dieser Junge ist es, den ich als König für das Volk Israel auserwählt habe. Salbe ihn!«

Samuel bat David niederzuknien. Dann salbte Samuel ihn im Beisein seiner Brüder und seines Vaters und rief: »David, der Herr hat dich für große Taten auserwählt.«

David und Goliat

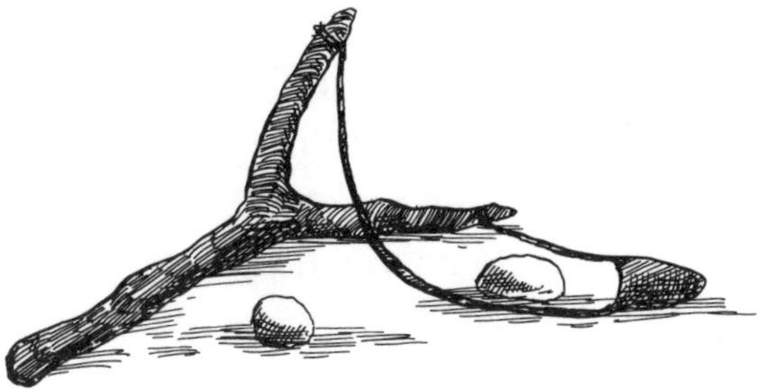

David versah weiterhin seine Arbeit. Eines Abends sagte sein Vater zu ihm: »David, mein Sohn, die Philister führen wieder einmal Krieg gegen uns. Deine Brüder sind schon bei König Saul, um ihm im Kampf gegen die Feinde Israels zu helfen. Morgen früh sollst du zum Kampfplatz gehen, um deinen Brüdern etwas zu essen und zu trinken zu bringen.«

David zog am nächsten Morgen hinaus, wie sein Vater ihm befohlen hatte. Bevor er im Lager der Israeliten ankam, hörte er schon von weitem eine laute Stimme, die alles übertönte. Als er näher kam, sah er einen riesengroßen Mann bei den Philistern. Einen so großen Mann hatte er noch nie gesehen.

Der Mann trug in einer Hand das größte Schwert, das David je gesehen hatte. In der anderen hielt er einen riesigen Schild. Sein Kopf war durch einen blanken Helm, sein Körper durch einen Panzer geschützt.

Der riesengroße Mann trat näher an das Lager der Israeliten heran und rief: »Wählt einen Mann aus, der gegen mich, den großen Goliat, kämpft. Wenn er mich erschlägt, so wollen wir, die Philister, eure Knechte sein. Wenn aber ich ihn besiege und erschlage, so müßt ihr alle unsere Untertanen sein!« Dann lachte er laut und höhnisch, weil niemand von den Israeliten es wagte, gegen ihn zu kämpfen. Auch König Saul wagte den Zweikampf nicht.

Als David von seinen Brüdern erfuhr, daß Goliat die Israeliten schon einige Male verhöhnt hatte, sagte er: »Ich werde gegen Goliat kämpfen und ihn besiegen.«

König Saul, der von Davids Entschlossenheit, gegen Goliat zu kämpfen, erfuhr, sagte zu David: »Du kannst nicht gegen den Philister kämpfen. Du bist noch viel zu jung und unerfahren.«

Aber David erwiderte: »König Saul, ich habe als Hirte für meinen Vater die Schafe gehütet. Und der Herr hat mir beigestanden, wenn Löwen und Bären die Herde überfielen. Der Herr wird mir auch im Kampf gegen Goliat helfen.«

Da sagte Saul: »So geh. Und der Herr stehe dir bei!«

David hatte genau überlegt, wie er den riesengroßen Philister am besten besiegen konnte. Er suchte im Bach fünf flache Steine und legte sie in seine Hirtentasche. Dann nahm er die Schleuder in die eine und den Hirtenstab in die andere Hand und ging auf den Kampfplatz zu. Als die Philister den kleinen David kommen sahen, fingen sie laut zu lachen an. Und Goliat rief ihm entgegen: »Bin ich denn ein Hund, daß du mit einem Stock zu mir kommst? Komm nur näher heran, damit ich dich töten und dann den wilden Tieren zum Fraße vorwerfen kann!«

David jedoch antwortete: »Du kommst zu mir in deiner Rüstung, bewaffnet mit Schwert und Speer. Ich aber komme zu dir im Namen des Herrn, unseres Gottes!«

Da ging Goliat auf David zu. Der Junge aber ließ den Philister bis auf einen bestimmten Abstand herankommen. Dann holte er einen Stein aus seiner Hirtentasche und schleuderte ihn los.

Der Stein traf Goliat an der Stirn. Der Philister fiel zu Boden. David lief sofort hin und entriß Goliat das Schwert und tötete ihn.

Als die Philister sahen, daß ihr stärkster Mann tot war, liefen sie voller Furcht davon. Die Israeliten aber erhoben ein großes Siegesgeschrei und verfolgten die fliehenden Feinde bis in ihr Land. Sie feierten ihren Sieg und besangen den Mut des jungen David.

DAVID UND JONATAN

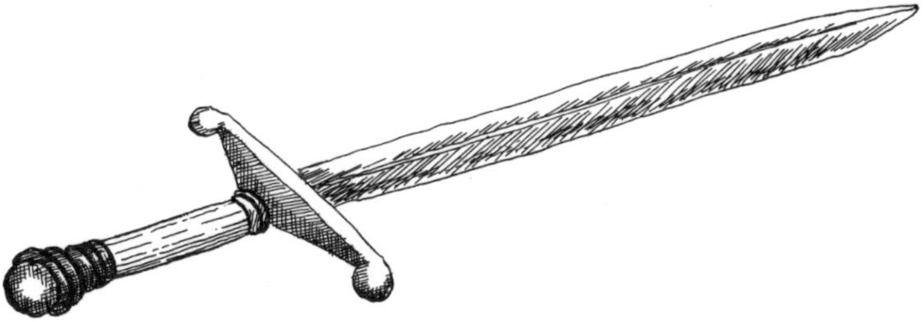

Nach dem Sieg über die Philister nahm Saul, der König Israels, David zu sich in den Palast. Sauls ältester Sohn Jonatan mochte David besonders gern. Eines Tages schenkte er ihm sein bestes Gewand, seine Rüstung und seine Waffen. Da schlossen Jonatan und David enge Freundschaft und versprachen, einander jederzeit beizustehen.

David war am Königshof beliebt. Wenn er auf der Harfe spielte und die Lieder über den Herrn und das Volk Israel sang, hörte auch König Saul ihm gerne zu.

Auch draußen sangen die Menschen Lieder und tanzten vor Freude über den Sieg, den die Israeliten über die Philister errungen hatten. Eines Tages hörte

König Saul, wie junge Frauen den Sieg Davids über Goliat besangen. Da wurde der König zornig und eifersüchtig. Seine Eifersucht und der Zorn auf David wurden immer stärker. Als David wieder einmal vor König Saul sang und spielte, warf Saul plötzlich seinen Speer nach ihm. David konnte gerade noch zur Seite springen, und der Speer traf die Wand.

Da wußte David, daß er nicht mehr im Königspalast bleiben konnte. Jonatan traf David noch einmal an einem geheimen Ort und riet ihm zu fliehen, weil sein Vater ihm nach dem Leben trachte. Beide erneuerten ihre Freundschaft, dann sagte Jonatan zu David: »Nun gehe in Frieden.«

David verbarg sich lange Zeit.

Bald fielen die Philister wieder in Israel ein. König Saul und sein Sohn Jonatan zogen ihnen mit einem Heer entgegen. Jonatan und viele Israeliten starben im Kampf. Als der König sah, daß die Philister siegten und die Israeliten die Schlacht verloren, stürzte er sich in sein Schwert.

Als David von dem Tod Jonatans erfuhr, trauerte er lange um seinen Freund.

Nun war Israel ohne König. Da wählte das Volk David zu seinem neuen König. So wurde aus dem Hirtenjungen der König Israels. Und David bat den Herrn, ihm auch in diesem schweren Amt zu helfen, wie er es damals getan hatte, als David noch die Schafe seines Vaters hütete.

David dachte noch oft an seinen Freund Jonatan. Als er eines Tages erfuhr, daß ein Sohn Jonatans von den Philistern nicht getötet worden war, ließ er ihn in den Königspalast holen. Er nahm ihn bei sich auf und behandelte ihn wie seinen eigenen Sohn.

Ein prächtiger Tempel wird gebaut

König David wohnte in einem wunderschönen Palast aus Zedernholz. Eines Tages dachte er darüber nach, wie prächtig sein Palast und wie einfach der Tempel war, in dem die Bundeslade, das Heiligtum der Israeliten, stand.

Da rief er den Propheten Natan zu sich und sagte: »Ich will dem Herrn einen wunderschönen Tempel bauen.«

Der Herr aber sprach zu Natan: »Sage dem David, daß nicht er, sondern sein Nachkomme von mir auserwählt worden ist, mir einen prächtigen Tempel zu errichten. Ich werde David und alle seine Nachkommen segnen. Ich, der Herr, werde immer bei ihnen sein.

Wenn sie etwas Unrechtes tun, werde ich sie strafen; aber verlassen werde ich sie nie.«

Als David von Natan hörte, was der Herr ihm sagen ließ, betete er: »Ich danke dir, Herr, mein Gott, für dein Versprechen und bitte dich, laß deinen Segen immer auf dem Hause Davids ruhen.«

Nach Davids Tod wurde sein Sohn Salomo König der Israeliten. Salomo erbat vom Herrn die Weisheit, das Volk gut zu regieren und das Gute vom Bösen unterscheiden zu können. Es gefiel Gott, daß Salomo so über seine Aufgabe als König dachte, und er verlieh ihm die erbetene Weisheit. Bald kamen Leute aus allen Völkern, um Salomo um Rat zu fragen.

Eines Tages schickte Salomo einen Boten zu König Hiram von Tyrus und ließ ihm sagen: »König Hiram, du warst zeitlebens ein Freund meines Vaters. Du hast ihm für den Bau seines Palastes Zedernholz geliefert. Nun bitte ich dich, mir Zedernholz für den Bau eines großen, wunderschönen Tempels für den Herrn, unsern Gott, schlagen zu lassen. Denn mein Vater David hat mir den Auftrag des Herrn für den Tempelbau übergeben.«

König Hiram freute sich über Salomos Botschaft. Er schloß einen Vertrag mit Salomo über die Lieferung des Holzes und die Bezahlung mit großen Mengen an Nahrungsmitteln.

Der Tempel wurde aus Steinen und Zedernholz gebaut. Es dauerte allein vier Jahre, bis die Fundamente gelegt waren, und weitere sieben Jahre, bis der Tempel fertig war. Viele Menschen hatten an dem mächtigen Bauwerk gearbeitet. Der Tempel bestand aus einem äußeren und einem inneren Hof, aus einer Vorhalle und einem Hauptbau. Ganz besonders kostbar war das Innere des Hauptbaus ausgestattet, weil dort die Bundeslade, das Heiligtum der Israeliten, ausgestellt werden sollte: Die Wände des Hauptbaus waren vergoldet und mit wertvollen Schnitzereien versehen.

Als der Tempel fertiggestellt war, versammelten sich alle Vornehmen des Volkes in Jerusalem, um die Bundeslade gemeinsam mit den Priestern im feierlichen Zuge in den neuen Tempel zu bringen. Viele Menschen sahen den feierlichen Zug vom Fuße des Tempelberges aus.

Nachdem die Bundeslade mit zwei steinernen Gesetzestafeln ihren Platz in dem prachtvollen Gotteshaus erhalten hatte und die Priester aus dem Heiligtum herausgetreten waren, hüllte die Herrlichkeit des Herrn den Tempel in eine Wolke, die für alle sichtbar war. Da jubelten alle: »Preiset den Herrn, denn er ist gut zu uns!«

Elija und die Raben

Elija war ein Prophet des Herrn. Der Herr sprach durch ihn zum Volke.

Eines Tages sagte der Herr zu Elija: »Sage dem Volk, daß eine große Dürre kommen wird. Es wird für lange Zeit weder regnen noch Tau fallen.«

Elija teilte dem Volk die Botschaft des Herrn mit.

Als der Regen ausblieb, trat bald eine Hungersnot ein, und die Menschen verfolgten den Propheten, um ihn zu töten.

Da sprach der Herr zu Elija: »Wandere zu dem Bach Kerit. Warte dort, bis ich dich rufe!«

Elija tat, was der Herr ihm aufgetragen hatte. Er

wanderte über den Jordan und stieg in die Berge auf bis zum Bach Kerit.

Als er müde angekommen war, bückte er sich, um sich am kühlen Wasser zu erfrischen. Dann setzte er sich auf einen Stein und blickte sich um. Auch hier war die Erde ausgetrocknet.

Elija hatte zwar Wasser zum Trinken, jedoch nichts zu essen. Aber er hatte Vertrauen zum Herrn, der versprochen hatte, für ihn zu sorgen.

Während Elija dasaß und an den Herrn dachte, hörte er Flügelschläge. Er blickte auf und sah ein paar Raben auf sich zukommen. Jeder der Raben hatte etwas in seinem Schnabel. Elija streckte seine Hände aus, die Raben ließen Brot aus ihren Schnäbeln fallen. Dann flogen sie davon.

Elija dankte dem Herrn, daß er ihm Brot gegeben hatte.

Die Raben kamen wieder. Diesmal brachten sie in ihren Schnäbeln Fleisch für Elija.

Solange der Prophet am Bach Kerit lebte, wurde er vom Herrn durch die Raben mit Nahrung versorgt. Und Elija vergaß nie, dem Herrn dafür zu danken.

Wie der Herr für eine junge Frau und ihren Sohn sorgt

Vor langer Zeit lebte eine junge Frau zusammen mit ihrem Sohn im Lande Israel. Sie waren nicht reich, hatten aber genug zu essen.

Wie viele andere Menschen bauten sie ihr Getreide selbst an und verarbeiteten es zu Mehl, um daraus Brot zu backen.

Durch die große Dürre, die noch immer im Land herrschte, war das Getreide knapp geworden, und die Hungersnot breitete sich weiter aus.

Es kam der Tag, an dem die Frau und ihr Sohn ihr letztes Mehl zu Brot verbacken mußten. Auch das letzte Öl mußte verbraucht werden.

Während die Frau im Wald Holz suchte, um Feuer

für das Brotbacken machen zu können, sah sie einen Mann kommen, der müde und erschöpft aussah. Der Mann war der Prophet Elija.

Elija bat die Frau: »Bitte, gib mir etwas zu trinken.«

Die Frau gab ihm Wasser.

Da sagte Elija: »Bitte, gib mir ein Stück Brot zu essen.«

Die Frau antwortete: »Ich habe kein Brot mehr, nur noch ein bißchen Mehl und ein wenig Öl. Daraus will ich das letzte Brot für mich und meinen Sohn backen. Dann werden wir Hunger leiden müssen.«

Da sagte Elija: »Höre, was der Herr sagt: ›Backe aus dem letzten Mehl Brot, und bringe es mir. Dann wirst du auch für dich und deinen Sohn noch Mehl und Öl genug haben, um Brot zu backen und satt zu werden. Denn euer Mehl und Öl wird sich so lange nicht verbrauchen, wie die Dürre anhält.‹«

Die Frau ging nach Hause, backte aus ihren letzten Vorräten Brot und brachte es Elija. Sie hatte Vertrauen zu dem Herrn und glaubte, daß er durch Elija zu ihr gesprochen hatte. Als die Frau wieder nach Hause kam, fand sie genug Mehl und Öl, um auch für sich und ihren Sohn Brot backen zu können.

Voller Freude und Dankbarkeit nahmen sie Elija bei sich auf. Und sie hatten genug zu essen, bis die Hungersnot vorüber war.

Der Herr schickt den ersehnten Regen

Die Dürre im Lande Israel hielt drei Jahre lang an.

Da sprach der Herr zu Elija: »Geh zu König Ahab und sage ihm: Nicht ich, der Herr, habe Israel ins Verderben gestürzt, sondern du und deine Familie, ihr habt zu verantworten, daß die große Dürre gekommen ist. Denn ihr habt den Götzen Baal verehrt und meine Gebote nicht gehalten.« Elija ging zum König und überbrachte ihm die Botschaft des Herrn. Dann forderte Elija von Ahab: »Laß alle Israeliten sich am Berg Karmel versammeln, und lade auch die Priester des Götzen Baal ein, an der Versammlung teilzunehmen.«

Als das Volk und die Verehrer des Baal versammelt

waren, trat Elija vor und rief: »Ihr müßt euch nun entscheiden, ob ihr Gott oder dem Baal dienen wollt.«

Aber niemand antwortete.

Da sagte Elija weiter: »Schlachtet zwei Opfertiere. Eins sollen die Priester des Baal, das andere soll ich bekommen. Dann sollen zwei Holzstöße errichtet und auf jeden ein Tier gelegt werden. Jedoch darf niemand Feuer anzünden. Zuerst sollen die Diener des Baal ihren Gott, danach werde ich den Namen des Herrn anrufen. Der Gott, der das Feuer entstehen läßt, ist der wahre Gott und Herr!«

Da antwortete das Volk: »So soll es geschehen!«

Da begannen die Diener des Baal zu beten: »Sende uns Feuer, Baal! Erhöre uns!« Sie riefen und beteten zu Baal vom Morgen bis zum Nachmittag. Aber es geschah nichts. Sie riefen lauter und immer lauter und tanzten beschwörend um ihren Altar. Doch es kam keine Erhörung ihrer Rufe.

Nun forderte Elija das Volk auf, zu ihm zu treten. Er sammelte zwölf Steine auf, bildete daraus einen Altar, legte das Holz und das Opfertier darauf und rief: »Erhöre mich, Herr, und zeige allen, die hier versammelt sind, daß du der wahre Herr und Gott bist!«

Da fiel Feuer vom Himmel und setzte den Opferaltar in Brand.

Als das Volk die Flammen sah, rief es: »Der Herr allein ist Gott! Der Herr allein ist Gott!«

Dann betete Elija noch einmal zum Herrn. Er bat ihn um Regen. Der Herr erhörte das Bitten seines Propheten und ließ es regnen, damit das ausgetrocknete Land wieder fruchtbar werden konnte.

Elischa hilft einer Frau und ihren Söhnen

Einst lebte im Lande Israel eine Witwe mit ihren zwei Söhnen. Sie waren sehr arm.

Eines Tages kam ein Mann zu ihnen und forderte Geld. Er sagte zornig zu der Frau: »Du schuldest mir Geld. Wenn du nicht zahlen kannst, werden deine Söhne ihr ganzes Leben lang für mich arbeiten müssen!«

Die Frau war sehr traurig. Sie liebte ihre Söhne von Herzen und wollte sie nicht verlieren. Da erinnerte sie sich an den Propheten Elischa. Sofort ging sie zu ihm. Sie sagte: »Mein Mann ist tot, und ich habe Schulden, die ich nicht bezahlen kann. Nun will mir jener, dem ich das Geld schuldig bin, anstelle des Geldes meine Söhne nehmen. Was soll ich tun?«

Elischa überlegte, wie er der Witwe helfen könnte. Er fragte: »Was besitzt du zu Hause?«

Die Frau antwortete: »Ich besitze nichts mehr als einen Krug Öl.«

Da sagte Elischa: »Gehe zu allen Nachbarinnen, und leihe dir leere Krüge und Schüsseln von ihnen. Dann schließe die Tür hinter dir, und gieße das Öl aus deinem Krug in die leeren Gefäße, die du dir geliehen hast.«

Die Frau tat, was der Prophet ihr gesagt hatte. Sie und ihre Söhne liehen sich Gefäße, trugen sie nach Hause und stellten sie auf. Dann nahm die Witwe ihren Krug und goß das Öl in die leeren Gefäße. Auch als sie bereits alle geliehenen Gefäße gefüllt hatte, blieb ihr eigener Krug noch voll Öl.

Als die Frau sah, was geschehen war, lief sie zu Elischa, um ihm über die wunderbare Vermehrung des Öls zu berichten.

Elischa sagte zu ihr: »Verkaufe das Öl. Dann bezahle mit dem Erlös deine Schulden. Für das übrige Geld kaufe Lebensmittel für dich und deine Söhne.«

So wurde das Vertrauen, das die Frau in den Propheten des Herrn gesetzt hatte, reich belohnt.

Eine Wohnung für Elischa

In einem kleinen Dorf in Israel lebte ein reicher Mann mit seiner Frau.

Abends, wenn die Arbeit getan war, setzten sie sich gern auf das flache Dach des Hauses, zu dem einige Stufen hinaufführten.

Damals hatte jedes Haus ein Flachdach, auf das man vom Hof her über eine kleine Treppe gelangen konnte.

Eines Abends, als das Ehepaar wieder auf dem Flachdach saß, sahen sie einen Wanderer kommen. Er sah müde aus.

Die Frau sagte zu ihrem Mann: »Wir wollen den Wanderer einladen, sich zu uns zu setzen. Dann kann er sich ausruhen. Vielleicht hat er auch Hunger und Durst.«

Der Mann lud den Wanderer ein. Der Wanderer war Elischa, der Prophet des Herrn.

Elischa nahm die Einladung gern an. Er erzählte seinen Gastgebern von seinen vielen Wanderungen durch das Land, auf denen er den Menschen die Botschaft Gottes verkündete. Nachdem Elischa sich ausgeruht und seinen Hunger und Durst gestillt hatte, zog er wieder weiter. Das Ehepaar hatte ihn eingeladen, auf seinen Wanderungen durch das Land bei ihnen Rast zu halten.

Eines Tages sagte die Frau zu ihrem Mann: »Laß uns für Elischa in unserem Haus eine Wohnung einrichten. Das Haus ist groß genug, und Elischa hat keine Wohnung, wo er sich ausruhen kann, wenn er von seinen langen Wanderungen zurückkehrt.«

Ihr Mann war damit einverstanden.

Als Elischa auf seiner nächsten Wanderung Rast bei dem Ehepaar machte, wurde er in die eingerichtete Wohnung geführt.

Die Frau sagte zu Elischa: »Von nun an gehört dir diese Wohnung. Mein Mann und ich machen sie dir zum Geschenk.«

Elischa freute sich sehr und bedankte sich. Er wollte auch dem Ehepaar ein Geschenk machen und fragte, ob sie sich von ihm etwas wünschten. Die Frau aber antwortete: »Wir besitzen, was wir zum Leben brauchen, und fühlen uns hier auch sehr wohl.«

Elischa wußte aber, daß das Ehepaar kinderlos geblieben war. Deshalb versprach er der Frau: »Wenn ein Jahr vergangen sein wird, wirst du einen Sohn bekommen.«

Als die Frau ein Jahr später einen Sohn gebar, waren Freude und Dankbarkeit des Ehepaares groß.

Elischa hilft einem kleinen Jungen

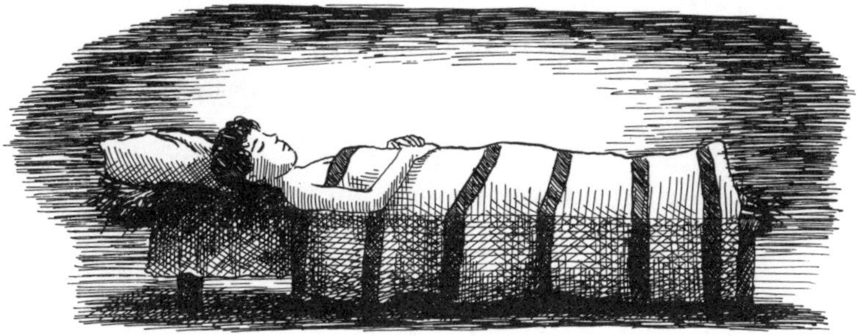

Elischa, der Prophet des Herrn, kam oft in die Wohnung, die er geschenkt bekommen hatte. Er freute sich jedesmal, wenn er den kleinen Jungen des Ehepaares wiedersah. Elischa erzählte dem Jungen, was der Herr für sein Volk getan hatte. Er lehrte das Kind auch, im Gebet zum Herrn zu sprechen.

Die Eltern hatten es gern, wenn Elischa und ihr Sohn miteinander sprachen.

Zu jener Zeit brach im Lande Israel eine große Hitze aus.

Viele Menschen wurden krank.

Eines Tages erkrankte auch der Junge und starb. Die Eltern waren untröstlich.

Die Mutter des Jungen rief verzweifelt: »Ach, wenn doch Elischa hier wäre! Er könnte sicher helfen.«

Elischa aber war weit weg. Er sprach gerade am Berg Karmel zu den Menschen über Gott den Herrn.

Die Mutter des verstorbenen Jungen sagte: »Ich gehe zu Elischa. Ich weiß, er wird helfen.« Sie ließ ihren toten Jungen in Elischas Bett legen, packte Nahrung ein für unterwegs und ritt auf einem Esel los.

Sie gönnte sich und dem Esel erst Ruhe, als sie bei Elischa angekommen war.

Dann bat sie den Propheten, mit ihr nach Hause zu gehen und ihrem Sohn zu helfen.

Als Elischa den toten Jungen in dem Bett liegen sah, schloß er die Tür und betete zum Herrn. Elischa bat den Herrn, den Eltern, die soviel Gutes getan hatten, ihren Sohn wieder zu schenken. Elischa glaubte fest, daß der Herr seine Bitte erhören würde.

Und der Herr erhörte die Bitte seines Propheten, denn plötzlich öffnete der Junge seine Augen und richtete sich im Bett auf.

Da rief Elischa nach der Mutter des Jungen und sagte: »Komm und nimm deinen Sohn.«

Die Mutter schloß ihr Kind glücklich in die Arme.

Sie dankte Elischa dafür, daß er ihrem Jungen geholfen hatte.

Wie ein junges Mädchen einem kranken Mann half

Naaman, der Feldherr des Königs von Syrien, hatte wieder einmal einen Sieg errungen. Er war beim Königshof und beim ganzen Volk wegen seiner Erfolge sehr angesehen.

Eines Tages erkrankte er an Aussatz. Obwohl Naaman alle damals bekannten Ärzte um Hilfe gebeten hatte, vermochte niemand ihn zu heilen. Im Hause des Feldherrn Naaman arbeitete ein junges Mädchen als Magd. Das Mädchen stammte aus Israel und war in einem der Kriege als Gefangene nach Syrien mitgenommen worden.

Naamans Frau mochte das bescheidene und arbeitsame Mädchen gern und versuchte, ihm das Leben fern von der Heimat zu erleichtern. Die junge Israelitin freute sich über die Zuneigung ihrer Herrin. Als sie erfuhr, daß Naaman an Aussatz erkrankt war, sagte sie zu der Frau: »Wenn der Feldherr in Israel wäre, könnte der Prophet Elischa ihm ganz gewiß helfen.« Das Mädchen erinnerte sich nämlich daran, was die Mutter ihm von den wunderbaren Taten des Propheten erzählt hatte.

Naaman bat daraufhin seinen König, mit einigen Soldaten und Dienern nach Israel aufbrechen zu dürfen, um Elischa aufzusuchen. Der König willigte ein, weil auch er hoffte, daß sein Feldherr wieder gesunden würde.

Naaman nahm Gold und Silber und kostbare Gewänder für Elischa mit. Nach einer langen und beschwerlichen Reise kam Naaman mit seinem Gefolge vor Elischas Wohnung an.

Elischa, der von der Ankunft des syrischen Feldherrn wußte, schickte einen Boten hinaus und ließ ihm sagen: »Gehe hinaus zum Jordan, steige in den Fluß, und wasche dich siebenmal. Dann wirst du geheilt sein.«

Naaman war zornig, daß Elischa nicht selbst zu ihm kam, sondern nur einen Boten schickte. Er sagte zu seinen Begleitern: »Warum soll ich mich im Wasser des Jordan waschen? In meiner Heimat sind die Flüsse sauberer und besser als alle Gewässer Israels. Warum kann ich mich dort nicht waschen, um gesund zu werden?« Dann wandte er sich ärgerlich und enttäuscht ab und ging weg.

Seine Begleiter jedoch baten ihn so lange, bis er endlich einwilligte, sich im Wasser des Jordan zu waschen.

Naaman stieg in den Fluß und wusch sich siebenmal, wie ihm der Prophet befohlen hatte. Da wurde er vom Aussatz geheilt. Sein ganzer Körper war wieder ganz rein.

Eilig kehrte Naaman mit seinem Gefolge zu Elischa zurück, um ihm zu danken. Er trat vor den Propheten und sagte: »Ich weiß nun, daß es keinen anderen Gott auf der Erde gibt als den Gott Israels. Ich will ihn preisen und ihm immer dankbar sein. Dir aber will ich als Zeichen meiner Dankbarkeit diese Geschenke geben.« Und er ließ von seinen Dienern die kostbaren Gaben ausbreiten, die er mitgebracht hatte.

Elischa aber antwortete: »Was ich getan habe, ist im Namen meines Herrn geschehen. Ich stehe in seinen Diensten und nehme keine Geschenke an.« Auch als Naaman ihn wiederholt bat, doch wenigstens eines der Geschenke anzunehmen, lehnte Elischa ab.

So zog Naaman mit seinen Begleitern in seine Heimat zurück. Der König, die Familie und das ganze Volk freuten sich, als sie sahen, daß Naaman gesund zu ihnen zurückgekehrt war. Sie feierten ein großes Fest und vergaßen nicht, dem jungen Mädchen aus Israel zu danken, weil es Naamans Frau von den wunderbaren Taten des Propheten Elischa erzählt hatte.

König Hiskija

Als König Hiskija noch ein Junge war, hatte seine Mutter ihn im Glauben an den einen wahren Gott und Herrn erzogen. Deshalb tat König Hiskija alles, um das Volk wieder zum wahren Gott zurückzuführen. Hiskija vertraute auf die Hilfe des Herrn und ließ die Götzenbilder im ganzen Land zerstören. Er schickte Boten in alle Städte und Dörfer seines Landes und ließ den Menschen sagen: »Wendet euch von den Götzen ab, die ihr euch selbst gemacht habt. Verehrt nur den einen Herrn, der uns alle liebt und der uns nie verlassen wird, wenn auch wir ihn lieben.«

Die Menschen hörten auf ihren König. Sie folgten seinem Aufruf, sich im Tempel in Jerusalem zu versammeln und dem Herrn ihre Liebe zu zeigen.

König Hiskija betete zum Herrn: »Ich danke dir, daß du vergeben hast, was mein Volk Böses getan hat.«

Nachdem der König das Volk zu Gott zurückgeführt hatte, wagte er es, Krieg gegen die Feinde des Landes Israel zu führen. Denn seit längerer Zeit fielen die Soldaten der benachbarten Länder immer wieder in Israel ein, zerstörten Städte, Dörfer und Felder und töteten viele Menschen.

Während der König sich und seine Soldaten auf den schweren Kampf gegen die Feinde des Volkes vorbereitete, wurde er schwer krank. Da kam der Prophet Jesaja mit einer Botschaft des Herrn zu Hiskija. Jesaja sagte: »Dies spricht der Herr: Sage dem König, daß er nicht mehr gesunden, sondern sterben wird.«

Der König erschrak. Wer sollte das Heer gegen die Feinde führen? Deshalb betete er zum Herrn: »Herr, mein Gott, ich habe immer versucht, in Treue zu dir zu leben. Ich habe auch mein Volk gelehrt, dich zu lieben. Bitte, laß mich den Kampf für dein Volk noch bestehen.«

Der Herr erhörte die Bitte des Königs. Er schickte seinen Propheten zu ihm und ließ ihm sagen: »Was du erbeten hast, soll geschehen.« König Hiskija war dankbar, als er die Botschaft von Jesaja hörte. Er pries den Herrn und sagte: »Nun weiß ich, daß der Herr bei mir ist. Und ich will ihm dienen mit allen meinen Kräften.«

Königin Ester bittet für ihr Volk

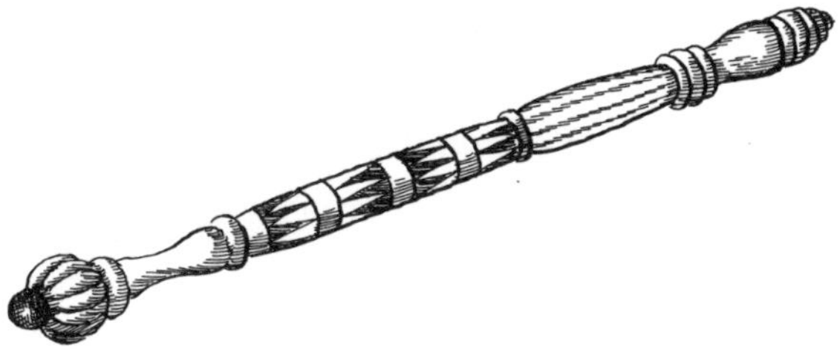

Ester war ein schönes junges Mädchen, das bei seinem Onkel Mordechai aufgewachsen war. Ester gehörte zu jenen Mädchen, die von feindlichen Königen aus ihrem Heimatland Israel verschleppt worden waren.

Eines Tages fand der König Artaxerxes Gefallen an dem schönen Mädchen und heiratete sie. So wurde Ester Königin.

König Artaxerxes hatte große Macht. Zu ihm durfte nur kommen, wer von ihm gerufen wurde. Wer sich dem König ohne Erlaubnis oder Einladung näherte, wurde zum Tode verurteilt. Nur derjenige wurde von der Todesstrafe befreit, dem der König sein goldenes Zepter entgegenstreckte. Damit zeigte der König, daß er bereit war, den Besucher zu empfangen.

Der König gestattete nur seinem wichtigsten Berater Haman, jederzeit zu ihm zu kommen. Das Volk kannte Hamans Einfluß beim König und zeigte ihm durch ehrerbietiges Verbeugen vor ihm seine Anerkennung. Nur Mordechai verbeugte sich nicht vor Haman. Deshalb wurde Haman zornig auf ihn und versuchte, Mordechai und mit ihm alle Israeliten zu töten. Haman sagte zu König Artaxerxes: »In unserem Land gibt es Menschen, die deine Gesetze nicht befolgen. Wir müssen sie bestrafen.«

Der König antwortete: »Jeder, der ungehorsam ist, soll mit dem Tode bestraft werden.«

Als Artaxerxes dies sagte, wußte er weder, daß Haman alle Israeliten meinte, noch, daß auch die Königin Ester Israelitin war.

Haman schickte sofort Boten in alle Teile des Landes, um den Willen des Königs bekanntzugeben. An einem bestimmten Tag sollten alle Israeliten, Männer und Frauen, Kinder und alte Menschen, getötet werden.

Als Mordechai die Botschaft hörte, schickte er eine Nachricht an Königin Ester: »Du mußt sofort mit dem König sprechen, damit er diese Anordnung zurücknimmt.«

Die Königin antwortete: »Du kennst doch das Gesetz, daß nur derjenige zum König gehen darf, der von ihm gerufen wird. Wie, wenn der König mir sein Zepter nicht entgegenstreckt?«

Mordechai aber ließ der Königin erneut sagen: »Du mußt mit dem König sprechen. Sonst müssen alle Israeliten sterben, auch du. Denn auch du gehörst zu unserm Volke.«

Da ließ Ester Mordechai die Antwort überbringen: »Ich werde tun, worum du mich gebeten hast. Aber zuvor müssen alle Israeliten drei Tage und drei Nächte lang beten. Auch ich und meine Dienerinnen werden wie ihr beten.«

Es geschah, was Ester von Mordechai erbeten hatte. Nach drei Tagen und Nächten des Gebetes zog die Königin ihre schönsten Gewänder an, legte ihren kostbarsten Schmuck an und ging zum König. Als Artaxerxes Ester sah, wurde er von ihrer Schönheit gefangen. Er streckte ihr sein goldenes Zepter entgegen und bat sie, näher zu treten. Dann sagte er: »Nun trage mir deinen Wunsch vor. Ich will ihn gern erfüllen.«

Königin Ester sagte: »Ich bitte dich, mein König, und deinen Berater Haman, heute abend bei einem Festmahl, das ich geben möchte, meine Gäste zu sein.« Der König nahm die Einladung an und versprach, auch Haman mitzubringen. Während des Festmahls am Abend fragte der König: »Ester, was wünschst du dir von mir? Ich möchte dir gern geben, was du von mir erbittest.«

Da antwortete Königin Ester: »Befiehl, daß ich und mein Volk nicht sterben müssen. Hebe das Gesetz auf, in dem angeordnet wird, daß alle Israeliten, also auch ich, getötet werden sollen.«

Da rief der König voll Erstaunen: »Wer hat denn ein solches Gesetz erlassen?«

Ester wies auf Haman und sagte: »Dein Berater hat dieses Gesetz gemacht.«

Der König stand zornig vom Tisch auf und rief: »Dir und deinem Volk soll nichts geschehen! Das verspreche ich dir!«

Haman wurde von König Artaxerxes bestraft. Die Israeliten aber brauchten nicht mehr um ihr Leben zu bangen.

Ijob

Im Lande von Uz lebte ein reicher Mann. Er hieß Ijob. Er besaß viel Land und große Viehherden. Zahlreiche Arbeiter und Angestellte halfen ihm. Ijob hatte sieben Söhne und drei Töchter. Er und seine ganze Familie wurden von allen Leuten im Lande sehr geschätzt. Denn Ijob war ein guter Mensch. Er liebte den Herrn und tat viel Gutes für die Armen. Er half jedem, der in Not geraten war oder Schwierigkeiten hatte.

Aber der Teufel sagte zum Herrn: »Ijob liebt dich, seinen Gott und Herrn, nur deshalb so, weil du ihm alles gegeben hast, was einen Menschen auf Erden glücklich macht: Kinder und Reichtum und Ansehen bei den Leuten. Wenn ihm das alles genommen würde, würde er dich nicht mehr lieben!«

Der Herr antwortete dem Teufel: »Nimm Ijob alles, was er besitzt. Dann stelle fest, ob du recht hast.«

Ijob selbst ahnte nicht, daß er auf eine harte Probe gestellt werden sollte.

Ijob befand sich draußen auf einem seiner Felder. Er hielt gerade eine Ruhepause, als einer seiner Arbeiter zu ihm gelaufen kam. Er berichtete: »Es ist etwas Schlimmes geschehen. Während wir pflügten, kamen Räuber, erschlugen die anderen Arbeiter und trieben das Vieh weg. Nur ich allein konnte entkommen.«

Kaum hatte er seinen Bericht beendet, als ein anderer Arbeiter gelaufen kam. Er sagte: »Während wir wie immer Vieh hüteten, kamen viele bewaffnete Räuber, erschlugen die anderen Hirten und trieben alle Tiere weg. Nur ich allein konnte davonlaufen.«

Kaum hatte der Arbeiter aufgehört zu berichten, kam ein Angestellter mit schlimmen Nachrichten für Ijob. Er sagte: »Ein mächtiger Sturm hat das Haus deines ältesten Sohnes zerstört und alle deine Kinder getötet, die, wie du weißt, sich gerade zu Besuch dort aufhielten.«

Da stand Ijob auf und zerriß aus Trauer über den Tod seiner Kinder, seiner Arbeiter und Angestellten seine Kleider und rief: »Der Herr, mein Gott, hat mir alles gegeben. Nun hat der Herr mir alles wieder genommen. Ich werde den Herrn allezeit lieben!«

Als der Teufel sah, wie Ijob auch jetzt nicht aufhörte, den Herrn zu lieben, sagte er: »Wenn Ijob sehr krank wird, dann wird seine Liebe und Treue zu seinem Gott gewiß nicht anhalten.«

Gott erwiderte: »Laß ihn sehr krank werden. Aber er darf nicht sterben.«

Ijob wurde von einer schrecklichen Krankheit befallen. Alle Menschen, auch seine Freunde, wandten sich von ihm ab. Sogar seine Frau forderte ihn auf, sich endlich von Gott abzuwenden und lieber zu sterben, als in diesem Elend weiterzuleben.

Doch Ijob hörte nicht auf, Gott zu lieben. Auch drei seiner Freunde, die weit entfernt in anderen Ländern wohnten, hörten von dem Leiden Ijobs. Sie kamen, um ihn zu trösten und ihm zu helfen. Doch als sie ihn sahen, erkannten sie ihn nicht. Schließlich waren sie so entsetzt über die Krankheit ihres Freundes, daß auch sie ihn von der Liebe zum Herrn abbringen wollten.

Ijob aber ließ sich in seinem Vertrauen zu Gott nicht beirren. Er wußte, daß niemand außer dem Herrn ihm helfen konnte. Deshalb betete er immer wieder zum Herrn. Seine Liebe zu ihm ließ nicht nach.

Da erhörte Gott Ijobs Gebet und machte ihn wieder ganz gesund. Der Herr gab Ijob nicht nur seinen Reichtum wieder, sondern schenkte ihm auch wieder sieben Söhne und drei Töchter. Es dauerte nicht lange, da war Ijob der reichste und beliebteste Mann im ganzen Lande Uz.

Daniel hilft dem König, sich an den Traum zu erinnern

König Nebukadnezzar von Babel hatte im Krieg gegen Israel viele Israeliten mitgenommen. Sie mußten in Babel für ihn arbeiten.

Unter den Gefangenen befand sich auch ein junger Mann, der Daniel hieß. Er liebte Gott und betete oft zu ihm.

Eines Tages hatte König Nebukadnezzar einen seltsamen Traum. Doch als er aufwachte, wußte er nicht mehr, was er geträumt hatte. Sosehr er sich auch abmühte, es gelang ihm nicht, sich an den Traum zu erinnern.

Da rief er die weisen und gelehrten Männer, aber auch die Wahrsager seines Landes zu sich und sagte zu ihnen: »Ich hatte einen seltsamen Traum. Doch als ich aufwachte, konnte ich mich nicht mehr daran erinnern.

Vielleicht weiß einer von euch, was ich geträumt habe.«

Aber niemand konnte dem König sagen, was er geträumt hatte. Da wurde Nebukadnezzar zornig und rief: »Wenn ihr mir nicht helft, mich an den Traum zu erinnern, werde ich euch töten lassen!«

Da fürchteten sich die versammelten Männer sehr und berieten, was sie tun sollten.

Als Daniel erfuhr, daß niemand dem König sagen konnte, was er in der Nacht geträumt hatte, ging er zu ihm und sagte: »König Nebukadnezzar, wenn du mir ein paar Tage Zeit gibst, werde ich dir erzählen, was du für einen Traum hattest.«

Der König antwortete: »Ich gebe dir die erbetene Zeit. Doch sollst du wissen, daß auch du sterben mußt, wenn du mir nicht sagen kannst, was ich geträumt habe.«

Daniel wußte, daß niemand in der Lage sein würde, dem König zu helfen. Aber Daniel vertraute auf die Hilfe Gottes. Er bat seine Freunde, mit ihm zum Herrn zu beten, um zu erfahren, welchen Traum der König gehabt hatte. Denn Daniel wollte nicht, daß Menschen sterben sollten, nur weil sie nicht wußten, was der König geträumt hatte.

Nachdem Daniel und seine Freunde gebetet hatten, teilte der Herr Daniel mit, was König Nebukadnezzar geträumt hatte. Er sagte ihm auch, was dieser Traum zu bedeuten hat.

Daniel dankte dem Herrn, lobte und pries ihn. Am nächsten Morgen ging Daniel zum König und sagte: »Mein Gott und Herr hat mir erzählt, was du geträumt hast. Niemand sonst wäre in der Lage, dir deinen Traum in Erinnerung zu rufen. Höre also, was der Herr gesagt hat.«

Der König hörte nun ganz gespannt zu, was Daniel ihm erzählte. Plötzlich rief er: »Ja, es ist wahr! Genau wie du erzählt hast, ist es in meinem Traum gewesen. Ich kann mich nun an alle Einzelheiten erinnern!«

König Nebukadnezzar lobte den Herrn und Gott Daniels. Er gab dem jungen Mann reiche Geschenke. Er wollte Daniel zum Verwalter des Landes machen. Doch Daniel wollte lieber als Berater beim König bleiben. König Nebukadnezzar erfüllte Daniels Wunsch.

Der glühende Feuerofen

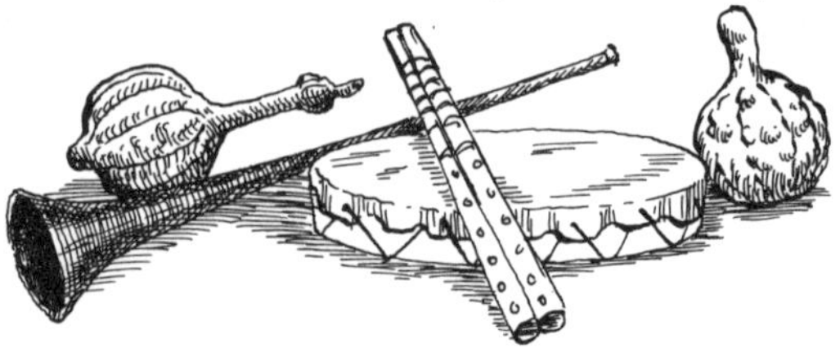

König Nebukadnezzar von Babel ließ eines Tages ein goldenes Standbild herstellen, das höher und größer als alle Häuser in Babel war. Dann ließ er es mitten in seinem Land aufstellen und befahl allen seinen Beamten, an der Einweihung des Standbildes teilzunehmen.

Als alle Beamten des Landes vor dem goldenen Standbild versammelt waren, verkündete ein Herold des Königs mit lauter Stimme: »Sobald ihr den Klang der Trompeten, Flöten, Lauten und Zithern, der Harfen und Leiern und aller anderen Instrumente hört, sollt ihr niederfallen und das goldene Standbild anbeten, das Nebukadnezzar hat aufstellen lassen. Wer aber diesem Befehl nicht gehorcht, wird in den glühenden Feuerofen geworfen.«

Alle, die hier versammelt waren, schauten furchtsam auf den großen Ofen, der nicht weit von dem goldenen Standbild aufgestellt war. Dann gab König Nebukadnezzar ein Zeichen, und die Musiker begannen zu spielen. Sogleich fielen die Männer nieder und beteten das goldene Standbild an.

Drei Männer jedoch blieben aufrecht stehen. Es waren drei Israeliten, die der König als Verwalter in Babel eingesetzt hatte. Sie hießen Hananja, Mischael und Asarja.

Der König war wütend. Er rief: »Bringt die Männer zu mir!« Dann sagte er zu den drei Israeliten: »Ich gebe euch noch einmal die Möglichkeit, meinen Befehl auszuführen. Solltet ihr jedoch wieder ungehorsam sein, so müßt ihr in dem glühenden Feuerofen sterben. Niemand kann euch noch retten!«

Die drei Männer aber antworteten: »Unser Gott, den wir verehren, kann uns auch aus diesem Feuerofen und aus deiner Gewalt retten, König Nebukadnezzar. Denn er ist der einzige und wahre Gott, den es gibt. Auch wenn er uns vor diesem Tod im glühenden Feuerofen nicht bewahren sollte, sollst du wissen: Niemals werden wir vor dem goldenen Standbild niederfallen, um es anzubeten.«

Der König bebte vor Zorn, als er den Befehl gab, die

drei Männer in den Feuerofen zu werfen. Zuvor aber sollte das Feuer siebenmal stärker angeheizt werden als gewöhnlich. Außerdem ließ er alle drei fesseln.

Als die drei Israeliten in den nun überheizten Feuerofen geworfen werden sollten, schlugen die Flammen heraus und töteten die Soldaten des Königs. Die drei Männer aber fielen gefesselt in den Feuerofen.

Plötzlich hörte der König Gesang, der aus dem glühenden Ofen kam. Die Männer gingen mitten durch die Flammen, lobten Gott und sangen Dankeslieder zu seiner Ehre.

Der König gab Befehl, den Ofen noch stärker zu heizen. Doch der Gesang hörte nicht auf.

Als der König genauer in die Flammen schaute, erschrak er. Er fragte seine Berater: »Haben wir nicht drei Männer in den glühenden Feuerofen geworfen? Wie kommt es, daß ich plötzlich vier Männer im Feuer umhergehen sehe? Alle vier aber sind unverletzt!«

Er wußte nicht, daß ein Engel Gottes zu den drei Männern im Feuerofen hinabgestiegen war.

Da rief König Nebukadnezzar laut: »Ihr Männer, ihr Diener des höchsten Gottes, kommt heraus zu mir!«

Hananja, Mischael und Asarja kamen unverletzt aus dem Feuerofen. Kein Haar war ihnen versengt. Völlig unversehrt traten sie vor König Nebukadnezzar. Sie hörten nicht auf, Gott zu loben und zu preisen, bis der König ausrief: »Euer Gott sei gepriesen! Denn er hat euch auf wunderbare Weise gerettet. Es gibt keinen Herrn, der stärker ist als euer Gott!« Dann erzählten die drei Männer, wie der Engel Gottes im Inneren des glühenden Feuerofens durch kühlenden Wind die Flammen von ihnen ferngehalten hatte.

Der König setzte die drei Israeliten nicht wieder in ihre Ämter ein, sondern er übertrug ihnen noch wichtigere Aufgaben.

Daniel in der Löwengrube

Daniel war auch bei Darius, dem Nachfolger des Königs Nebukadnezzar, einer der wichtigsten Beamten des Landes geblieben. Auch der neue König schätzte das Können und die Treue Daniels und ließ sich gern von ihm beraten. Viele hohe Beamte des Königs beneideten Daniel. Sie überlegten, wie sie Daniel bei König Darius anklagen konnten. Einer der Beamten hatte einen Plan. Er ging zum König und sagte: »König Darius, du bist ein mächtiger und bedeutender Herrscher. Deshalb bitten wir dich um ein neues Gesetz. Darin soll festgelegt werden, daß alle Einwohner unseres Landes nur dich allein um etwas bitten dürfen. Jeder, der an einen anderen Gott oder an irgendeinen anderen Menschen außer an dich eine Bitte stellt, soll zu den wilden Löwen in die Grube geworfen werden.«

König Darius freute sich darüber, daß sein Volk ihn so verehrte, und fühlte sich sehr geschmeichelt. Deshalb stimmte er dem Gesetz sofort zu.

Als Daniel von dem neuen Gesetz erfuhr, wußte er, daß es gegen ihn gerichtet war. Doch ließ er sich von seiner Liebe und Treue zu seinem Gott und Herrn nicht abbringen. Täglich betete er zum Herrn.

Die neidischen Beamten beobachteten Daniel bei seinen Gebeten. Dann gingen sie zum König und fragten ihn: »Gilt das neue Gesetz für alle Menschen in unserem Lande? Oder darf jemand dein Gesetz übertreten?«

König Darius antwortete: »Es gilt für jedermann!«

Da sagte einer der hohen Beamten: »Es ist aber ein Mann in diesem Land, der dreimal täglich zu seinem Gott betet und damit dein Gesetz mißachtet. Sein Name ist Daniel.«

Der König war traurig, als er erfuhr, wie sehr sein Gesetz seinen besten Ratgeber und Beamten in Bedrängnis brachte. Er überlegte, wie er Daniel am besten helfen und ihn vor der Löwengrube retten könnte.

Doch die neidischen Beamten forderten vom König die Durchführung des Gesetzes. Sie sagten: »Daniel hat dein Gesetz übertreten. Er muß in die Löwengrube geworfen werden.«

König Darius ließ Daniel zu sich rufen. Traurig sagte er zu seinem treuen Berater: »Gott im Himmel möge dir helfen. Ich kann dir nicht mehr helfen, denn du hast mein Gesetz nicht eingehalten.« Dann ließ er Daniel in die Grube zu den hungrigen wilden Löwen werfen. Als er traurig in seinem Palast saß, wurde es dem König klar, daß seine Beamten ihn nur um dieses Gesetz gebeten hatten, um Daniel töten zu können.

Am nächsten Tag ging König Darius zur Löwengrube und rief: »Daniel! Daniel! Ich wünschte, daß dein Gott, zu dem du betest, dir geholfen hätte!«

Und plötzlich hörte der König die Stimme Daniels: »Ja, König Darius, der Herr, mein Gott, hat mich durch seine Engel vor den wilden Löwen gerettet!«

Da freute sich der König über die wunderbare Rettung Daniels. Er ließ ihn aus der Grube holen. Dann machte er ein neues Gesetz. Das lautete: »Jeder Einwohner des Landes soll den Herrn und Gott verehren, der Daniel so wunderbar gerettet hat. Denn nur er ist der wahre Gott.«

Jona ist ungehorsam

Gott befahl dem Jona: »Gehe in die große Stadt Ninive. Die Menschen dort sind schlecht. Sage ihnen, daß ich, der Herr, sie strafen werde, wenn sie sich nicht bessern.«

Aber Jona wollte nicht nach Ninive gehen. Er wollte den Auftrag Gottes nicht ausführen. Er wollte vor dem Herrn fliehen. Deshalb ging er in den Hafen von Jafo und bestieg dort ein Schiff, das weit weg in ein fernes Land fahren wollte. Unterwegs aber brach ein heftiger Sturm los. Das Schiff drohte zu sinken, und die Seeleute fürchteten sich sehr.

Jona glaubte, daß der Herr den Sturm geschickt habe, um ihn für seinen Ungehorsam zu strafen. Er sagte zu den Seeleuten: »Hört mir zu! Es ist allein meine Schuld, daß wir in diese Gefahr geraten sind. Werft mich ins Meer, dann wird der Sturm sofort aufhören! Denn ich bin auf der Flucht vor Gott, meinem Herrn.«

Doch die Seeleute wollten Jona nicht ins Meer werfen. Jona tat ihnen leid. Als der Sturm jedoch noch heftiger wurde, warfen sie Jona über Bord. Gott aber wollte Jona nicht ertrinken lassen. Er schickte einen großen Fisch, der Jona verschlang.

Jona saß drei Tage und Nächte im Bauch des Fisches. Er bereute seinen Ungehorsam und bat den Herrn um Verzeihung. Schließlich betete er um Rettung und versprach, von nun an alles zu tun, was Gott von ihm verlangen werde. Da befahl der Herr dem Fisch, Jona auf das Land zu speien.

Der Herr gab Jona nun zum zweitenmal den Auftrag, nach Ninive zu gehen und den Menschen dort zu sagen: »Wendet euch von eurem bösen Leben ab, und fangt ein neues, ein gutes Leben an!«

Jona ging sofort nach Ninive und verkündete dort, was Gott ihm gesagt hatte.

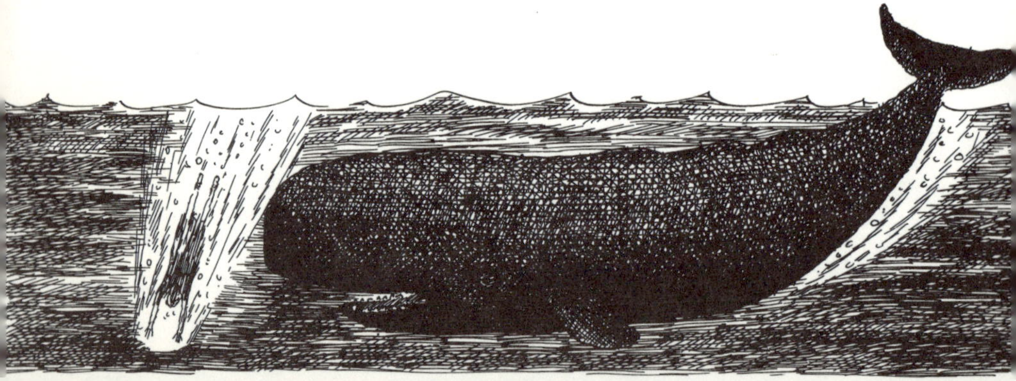

Das Neue Testament

Gottes Geschenk für die Menschen

Vor sehr langer Zeit hatte Gott den Menschen versprochen, ihnen das kostbarste Geschenk zu machen, das er hatte. Gott wollte den Menschen den König des Friedens senden, den die Propheten auch Messias, den Gesalbten des Herrn, nannten. Viele Jahre warteten die Menschen auf das Geschenk Gottes. Sie wußten, daß Gott sein Versprechen halten würde, sie wußten aber nicht, wann Gott sein Versprechen einlösen würde. So ließen sie nicht nach, Gott um den Messias zu bitten. Und Gott erhörte das Flehen der Menschen. Er schickte ihnen seinen Sohn, um ihnen zu zeigen, wie lieb er die Menschen hatte.

Zwei Menschen wählte Gott aus, die als erste erfahren sollten, daß die Zeit nun gekommen war, in der das Versprechen erfüllt werden sollte. Sie hießen Maria und Josef und lebten in der Stadt Nazaret in Galiläa. Josef, der aus dem Hause Davids stammte, wollte Maria heiraten. Eines Tages, als Maria allein war, trat ein Engel Gottes bei ihr ein. Er sagte zu ihr: »Sei gegrüßt, Maria, der Herr ist mit dir! Ich bringe dir eine gute Nachricht.«

Maria erschrak über diesen Gruß und dachte nach, was er bedeuten sollte. Der Engel aber sprach: »Erschrick nicht über das, was ich dir zu sagen habe. Denn du wirst ein Kind bekommen, einen Sohn, dem du den Namen Jesus geben sollst. Er wird Sohn des Höchsten genannt werden, und er wird große Macht besitzen. Seine Herrschaft wird nie zu Ende gehen.«

Da fragte Maria: »Wie soll das alles geschehen, da ich mit keinem Mann zusammenlebe?«

Der Engel antwortete ihr: »Der Heilige Geist wird über dich kommen, und die Kraft des Höchsten wird dich überschatten. Deshalb wird das Kind auch heilig und Sohn Gottes genannt werden.«

Da sagte Maria: »Ich bin die Dienerin des Herrn. Es soll an mir geschehen, wie du es gesagt hast.« In der Nacht ging der Engel auch zu Josef und erklärte ihm, was geschehen sollte.

Einige Monate später kam der Befehl des Kaisers

Augustus aus Rom, alle Menschen seines großen Reiches in Steuerlisten einzutragen. Jeder mußte deshalb in seinen Heimatort gehen, um sich dort eintragen zu lassen.

So wanderte auch Josef aus der Stadt Nazaret in seine Heimatstadt Betlehem. Er wollte sich dort mit Maria, die ein Kind erwartete, aufschreiben lassen.

Als sie nach langer und beschwerlicher Wanderung müde in Betlehem eintrafen, kam für Maria die Zeit, daß sie das Kind gebären sollte.

Und sie gebar ihren Sohn, wickelte ihn in Windeln und legte ihn in eine Krippe. Denn sie hatten keinen Platz mehr in einer Herberge finden können.

Die Hirten auf dem Feld

Nahe der Stadt Betlehem hüteten Hirten ihre Herden. Auch in dieser Nacht hatten die Hirten ihre Schafe zusammengetrieben, lagerten nun um das Feuer und wechselten in der Nachtwache ab.

Da wurde plötzlich das Dunkel der Nacht durch strahlendes Licht, das vom Himmel kam, durchbrochen.

Ein Engel des Herrn trat aus dem Licht zu den Hirten, und die fürchteten sich sehr. Der Engel aber sprach zu ihnen: »Fürchtet euch nicht! Ich bringe euch große Freude, die für das ganze Volk gelten soll! Denn heute ist in Betlehem der erwartete Messias, der Herr, als Kind geboren. Ihr werdet das Kind daran erkennen, daß es in Windeln gewickelt in einer Krippe liegt.«

Dann war bei den Engeln plötzlich eine große himmlische Schar, die Gott lobte und sang: »Ehre sei Gott in der Höhe und Friede allen Menschen auf der Erde, die in seiner Gnade leben.«

Nachdem die Engel die Hirten verlassen hatten und in den Himmel zurückgekehrt waren, sagten die Hirten zueinander: »Laßt uns keine Zeit verlieren! Laßt uns sofort nach Betlehem gehen und sehen, was der Herr uns verkünden ließ.«

Sie eilten nach Betlehem und fanden Maria und Josef und das Kind, das in Windeln gewickelt in einer Krippe lag. Da erzählten sie, was sie von den Engeln über das Kind erfahren hatten. Maria behielt alles, was die Hirten erzählt hatten, in ihrem Herzen und dachte darüber nach.

Die Hirten kehrten voll Freude zu ihren Tieren zurück. Sie lobten und priesen Gott den Herrn und dankten ihm für alles, was sie hatten hören und sehen dürfen.

Der Stern führt die weisen Männer

Weit weg in einem fremden Land lebten weise Männer, die den Sternenhimmel beobachteten und genau feststellen konnten, wenn sich etwas veränderte.

Eines Nachts entdeckten sie einen neuen Stern, der größer und heller war als alle anderen Sterne. Sie dachten darüber nach, was das plötzliche Erscheinen dieses Sternes bedeuten sollte. Und sie kamen zu der Überzeugung: Dieser große, hell strahlende Stern kann nur bedeuten, daß ein König geboren wurde, der mächtiger ist als alle anderen Könige auf der Erde.

Da begaben sich die drei weisen Sterndeuter auf den Weg, um nach dem neugeborenen mächtigen König zu suchen und ihn durch Geschenke zu ehren.

Von dem Zeitpunkt an, an dem sie ihre Heimat verließen, wurden die Sterndeuter von dem hellen Stern geführt, den sie entdeckt hatten. Sie folgten ihm und kamen schließlich nach Jerusalem. Dort fragten sie nach dem neugeborenen König. Aber niemand von denen, die sie fragten, wußte etwas von einem neugeborenen König.

Da gingen sie zu König Herodes und fragten ihn. Herodes aber erschrak. Er rief seine Berater zu sich, die in den alten Schriften lasen. Sie berichteten dem König: »In Betlehem soll ein König geboren werden.«

König Herodes schickte die weisen Männer nach Betlehem. Er sagte zu ihnen: »Wenn ihr den neugeborenen König gefunden habt, laßt es mich schnell wissen. Dann will auch ich ihm meine Geschenke bringen.«

Die Sterndeuter zogen eilig aus der Stadt Jerusalem nach Betlehem hinaus. Als der Stern, der sie von Jerusalem ab wieder geführt hatte, stehenblieb, freuten sich die weisen Männer. Denn nun waren sie endlich am Ziel ihrer langen Wanderung angekommen.

Sie sahen Maria und Josef und das Kind. Sie fielen vor dem Kind nieder und verehrten es als mächtigen Herrn und König. Dann holten sie ihre Schätze hervor und brachten dem Kind Gold, Weihrauch und Myrrhe als Gaben dar. In der Nacht aber, bevor die Sterndeuter aufbrechen wollten, um König Herodes in Jerusalem die Nachricht über den neugeborenen König in Betlehem zu bringen, erhielten sie im Traum die Weisung, nicht zu Herodes zu gehen, sondern auf einem anderen Weg in ihre Heimat zurückzukehren.

Die Flucht in ein fernes Land

Nachdem die weisen Männer fortgegangen waren, erschien in der Nacht ein Engel Gottes Josef im Traum. Der Engel sagte: »Steh auf, Josef! Nimm das Kind und seine Mutter, und flieh mit ihnen aus diesem Land. Flieht nach Ägypten, und bleibt dort so lange, bis ich dir, Josef, etwas anderes sage. Denn König Herodes wird das Kind suchen lassen, um es zu töten.«

Sofort stand Josef auf und floh noch in derselben Nacht mit Maria und dem Kind in das ferne Land Ägypten.

Während Josef, Maria und Jesus auf der Flucht waren, schickte König Herodes seine Soldaten aus, um Jesus suchen zu lassen. Denn der König hatte gemerkt, daß er von den Sterndeutern getäuscht worden war. Sie waren nicht zu ihm nach Jerusalem gekommen, um ihm über den neugeborenen König zu berichten. Als auch die Soldaten das Kind nicht fanden, wurde Herodes so zornig, daß er in Betlehem und in der ganzen Umgebung alle Jungen bis zum Alter von zwei Jahren töten ließ.

Josef, Maria und Jesus lebten, wie der Engel des Herrn gesagt hatte, in Ägypten, als eines Nachts wieder der Engel zu Josef kam. Er sagte zu Josef: »Steh auf, nimm das Kind und seine Mutter, und zieh mit ihnen zurück in das Land Israel. Denn König Herodes, der das Kind töten wollte, lebt nicht mehr.«

Da stand Josef auf und zog mit Maria und dem Kind in das Land Israel. Die lange und anstrengende Wanderung in das Heimatland fiel Maria und Josef nicht so schwer wie die Flucht nach Ägypten. Sie freuten sich auf das Leben unter den Menschen ihres Volkes. Wie der Engel zu Josef gesagt hatte, zogen sie in das Gebiet von Galiläa und ließen sich in der kleinen Stadt Nazaret nieder.

Deshalb wurde Jesus auch später Nazareter oder Nazaräer genannt.

Jesus wohnt in Nazaret

Jesus verbrachte seine Kindheit in der kleinen Stadt Nazaret in Galiläa. Josef arbeitete als Zimmermann, Maria versorgte den Haushalt. Jesus hatte, als er heranwuchs, Aufgaben zu Hause zu übernehmen. Darüber hinaus aber spielte er oder ging seinen Pflichten als Schüler nach.

Damals gingen die Kinder in die Synagoge, um zu lernen. Die Synagoge war der Gottesdienstraum, in dem für die gläubigen Menschen das Wort Gottes verkündet und gelehrt wurde. Die Bibel war das heilige Buch und zugleich das Lehrbuch für die Kinder. Allerdings sah ein Buch zu der Zeit, als Jesus lebte, ganz anders aus als heute. Das Buch war ein langes beschriebenes Blatt, das auf einem Stab aufgerollt war. Wer lesen wollte, mußte das Blatt langsam abrollen.

Jesus wurde aber nicht nur in der Synagoge mit dem Wort und den Geboten Gottes vertraut gemacht. Jesus wurde auch zu Hause im Glauben und genau nach den Gesetzen seines Volkes erzogen.

So wuchs Jesus in der Familie, in der Nachbarschaft und in der großen Gemeinschaft der gläubigen Menschen in Nazaret auf. Er galt als guter Sohn seiner Eltern und als eifriger Schüler in der Synagoge. Manchmal wunderten sich viele Besucher der Synagoge über das Wissen, das der heranwachsende Jesus über die Schriften und über die Gesetze des jüdischen Volkes hatte.

Josef und Maria suchen nach Jesus

Jedes Jahr zum Paschafest zogen die Juden aus allen Teilen des Landes nach Jerusalem, um dort in dem von Salomo erbauten Tempel zu beten. Auch Josef und Maria pilgerten alljährlich zur Feier des Paschafestes nach Jerusalem.

Und als Jesus zwölf Jahre alt geworden war, zog auch er mit.

Nachdem die Festtage zu Ende gegangen waren, machten sich alle auf den Heimweg. Von seinen Eltern unbemerkt, war Jesus in Jerusalem geblieben. Josef und Maria meinten, Jesus wäre bei einer anderen Gruppe von Pilgern. Deshalb gingen sie einen Tag lang, um am Abend auf ihn zu warten. Als Jesus dann aber nicht kam, suchten sie ihn bei Verwandten und Bekannten. Aber sie konnten ihn nirgends finden. Da kehrten sie nach Jerusalem zurück und suchten ihn dort. Nach drei Tagen endlich fanden sie ihn. Jesus saß im Tempel.

Josef und Maria waren erfreut, ihn endlich gefunden zu haben. Zugleich aber waren sie sehr erstaunt, als sie Jesus mitten unter den Lehrern im Tempel sitzen sahen. Jesus saß da, hörte den Lehrern zu und stellte ihnen Fragen. Und die Leute, die bei den Lehrern waren, staunten auch über die Fragen, die der zwölfjährige Jesus stellte, und über die Antworten, die er gab.

Josef und Maria waren ganz betroffen, als sie merkten, daß ihr Sohn sich um nichts anderes als das Gespräch mit den Lehrern über die Schriften kümmerte. Dann ging Maria auf Jesus zu und sagte zu ihm: »Kind, wie konntest du uns das antun? Drei Tage lang haben dein Vater und ich dich überall gesucht. Wir waren voll von Angst und Sorgen um dich.«

Da antwortete Jesus: »Warum habt ihr mich denn gesucht? Wußtest ihr nicht, daß ich im Haus meines Vaters sein muß?«

Josef und Maria aber verstanden nicht, was Jesus damit meinte.

Dann ging Jesus mit ihnen hinaus. Gemeinsam kehrten sie nach Nazaret zurück. Jesus blieb bei ihnen und war ihnen gehorsam.

Maria aber dachte über alles nach, was geschehen war und was Jesus gesagt hatte, und bewahrte es in ihrem Herzen.

Johannes der Täufer

Zacharias war Priester. Er lebte mit seiner Frau Elisabet in einer kleinen Stadt nahe Jerusalem. Beide waren schon alt. Sie hatten keine Kinder. Eines Tages, als Zacharias an der Reihe war, im Tempel das Rauchopfer darzubringen, stand plötzlich ein Engel des Herrn bei ihm.

Zacharias fürchtete sich sehr. Aber der Engel sagte zu ihm: »Fürchte dich nicht, Zacharias. Dein Gebet ist erhört worden. Deine Frau Elisabet wird einen Sohn gebären, und du sollst ihm den Namen Johannes geben. Mit euch werden sich viele Menschen über die Geburt eures Sohnes freuen. Johannes wird groß sein vor Gott und das Volk Israel auf das Kommen des Messias vorbereiten.«

Zacharias war erstaunt und fragte den Engel: »Woran soll ich erkennen, daß alles so kommen wird, wie du es gesagt hast? Meine Frau und ich sind doch schon alt.«

Der Engel antwortete: »Ich wurde zu dir mit dieser freudigen Botschaft geschickt. Aber weil du mir nicht geglaubt hast, sollst du von heute ab stumm sein bis zu dem Tag, an dem das Kind geboren wird.«

Als Zacharias zu seiner Frau Elisabet kam, konnte er die freudige Nachricht nur schriftlich mitteilen. Und er blieb stumm, bis eingetreten war, was der Engel vorausgesagt hatte. Die Freude über die Geburt des Sohnes war bei Zacharias und Elisabet sehr groß. Johannes wurde von seinen Eltern in der Liebe zu Gott erzogen. Er erfuhr von Zacharias, welche Aufgaben ihm vom Herrn aufgetragen wurden. Nachdem Johannes herangewachsen war, ging er allein in die Wüste. Dort betete und fastete er, um sich auf seine Aufgabe vorzubereiten.

Als Johannes sicher war, daß er den Auftrag Gottes richtig verstanden hatte, verließ er die Wüste und ging in die Gegend am Fluß Jordan. Dort verkündete er den Menschen: »Ihr müßt auf Gott hören! Der Messias ist nahe! Laßt euch taufen zum Zeichen, daß ihr ein neues Leben anfangt! Wendet euch ab von allem, was unrecht ist.«

Täglich zogen viele Menschen hinaus zu Johannes,

um sich von ihm taufen zu lassen. Sie waren bereit, ein neues Leben anzufangen.

Eines Tages war bei der Volksschar, die sich von Johannes im Wasser des Flusses Jordan taufen lassen wollte, auch Jesus.

Als Johannes Jesus sah, sagte er zu dem versammelten Volk: »Seht, da ist er, den Gott senden wollte, der die Sünde der Menschen auf sich nehmen wird, der uns allen das Heil bringt.«

Jesus aber stieg in den Fluß und bat Johannes: »Taufe mich!« Und während Jesus betete, öffnete sich der Himmel, der Heilige Geist kam wie eine Taube auf ihn herab, und eine Stimme war zu hören. Die Stimme sprach: »Du bist mein lieber Sohn, an dem ich mein Wohlgefallen habe.«

Jesus war zu dieser Zeit ungefähr dreißig Jahre alt.

Jesus setzt das erste Zeichen

Jesus war nun erwachsen. Er war oft mit seinen Freunden zusammen. Eines Tages war er mit seinen Freunden zu einer Hochzeitsfeier in der kleinen Stadt Kana in Galiläa eingeladen. Auch Maria, die Mutter Jesu, war bei der Hochzeitsfeier. Sie hatte festgestellt, daß nicht mehr genug Wein für die vielen Gäste vorhanden war. Deshalb ging sie zu ihrem Sohn Jesus.

Sie sagte zu ihm: »Es ist nicht mehr genug Wein für alle Gäste vorhanden.«

Jesus aber erwiderte: »Was willst du, was ich tun soll? Meine Stunde ist noch nicht gekommen.« Maria aber rief die Diener zu sich und sagte zu ihnen: »Tut alles, was Jesus euch sagen wird.« Am Eingang des

Hauses standen sehr große Wasserkrüge aus Stein, die jeder ungefähr einhundert Liter Wasser faßten. Das Wasser wurde für die Reinigung, wie sie bei den Juden damals vorgeschrieben war, gebraucht.

Jesus trat auf die Diener zu und sagte: »Füllt die Krüge mit Wasser.« Die Diener füllten die Krüge sofort bis zum Rand. Dann sagte Jesus zu ihnen: »Schöpft nun daraus und bringt es dem, der für das Hochzeitsessen verantwortlich ist.«

Die Diener taten, was Jesus ihnen aufgetragen hatte.

Der Küchenmeister trank von dem Wasser, das zu Wein geworden war. Er wußte nicht, woher der Wein kam. Nur die Diener, die das Wasser geschöpft hatten, wußten es.

Der Küchenmeister rief den Bräutigam herbei und sagte zu ihm: »Es ist doch üblich, daß den Gästen zuerst der gute Wein gegeben wird. Später, wenn alle reichlich getrunken haben, gibt man den schlechteren. Warum hast du den guten Wein zurückgehalten?«

Der Bräutigam konnte nichts erwidern, denn auch er wußte nicht, woher der gute gekommen war.

So setzte Jesus in Kana das erste Zeichen und offenbarte seine Herrlichkeit.

Der grosse Fischfang

Die Brüder Simon und Andreas lebten als Fischer am See Gennesaret. Sie fuhren oft in der Nacht auf den See hinaus, um mit ihren Netzen Fische zu fangen.

Als sie an einem Morgen zurückkamen, waren sie sehr müde und niedergeschlagen. Obwohl sie die ganze Nacht über auf dem See gewesen waren, hatten sie keine Fische gefangen.

Simon und Andreas begannen gerade ihre Netze auszuwaschen, da sahen sie viele Menschen ans Ufer drängen. Sie alle wollten hören, was Jesus über das Reich Gottes zu sagen hatte. Jesus kam aber auf die beiden Brüder zu und bat sie, ihn mit ihrem Boot ein Stückchen auf den See hinauszufahren, damit er besser zu den vielen Leuten sprechen könnte.

Obwohl Simon und Andreas sehr müde waren, fuhren sie Jesus hinaus, damit er vom Boot aus über Gott reden konnte.

Nach seiner Rede sagte Jesus zu Simon und Andreas: »Nun fahrt hinaus auf den See. Dort werft eure Netze zum Fischfang aus.« Simon sagte: »Herr, wir haben schon die ganze Nacht über gearbeitet und nichts gefangen. Aber wenn du es so willst, werden wir die Netze auswerfen.«

Sie fuhren mit ihrem Boot auf den See hinaus und warfen ihre Netze aus. Da fingen sie eine so große Menge Fische, daß die Netze zu reißen drohten. Deshalb winkten sie den Fischern im anderen Boot, sie sollten kommen und ihnen helfen.

Das Boot mit Jakobus und Johannes, die mit Simon und Andreas zusammenarbeiteten, kam schnell herbei. Beide Boote wurden bis an den Rand mit Fischen gefüllt, so daß sie fast untergingen. Als Simon das sah, fiel er vor Jesus nieder und sagte: »Herr, ich bin ein Sünder! Geh fort von mir!«

Jesus, der das Erschrecken und Erstaunen von Simon, dessen Bruder Andreas und den Helfern Jakobus und Johannes sah, erwiderte: »Ängstige dich nicht, Simon! Denn du und deine Mitarbeiter, ihr sollt mir von nun an folgen. Ihr sollt nicht mehr Fische fangen, sondern Menschen für das Reich Gottes gewinnen.«

Da zogen Simon, Andreas, Jakobus und Johannes die Boote an Land. Sie verließen alles und folgten Jesus. Sie wurden seine Jünger. Jesus rief später noch mehr Jünger zu sich, mit denen er durch das Land zog, um den Menschen die Botschaft vom Reich Gottes zu bringen.

Die guten Freunde

Ein Mann war gelähmt. Er konnte nicht gehen. Er war immer auf die Hilfe anderer angewiesen. Seine Freunde kamen zwar oft, um ihn zu besuchen und ihn dorthin zu tragen, wohin er wollte. Aber sein größter Wunsch war es, wieder selbst gehen zu können.

Eines Tages kamen seine Freunde zu ihm und sagten: »Wir wollen dich holen, denn Jesus ist in der Stadt. Er hat schon viele Menschen geheilt. Vielleicht kann er auch dich gesund machen.«

Die Männer trugen ihren Freund auf einer Tragbahre zu dem Haus, in dem Jesus lehrte. Unter den vielen Zuhörern saßen auch Schriftgelehrte und Pharisäer. Jesus spürte die Kraft des Herrn in sich, Kranke zu heilen.

Während Jesus das Volk lehrte, wurde die Tragbahre mit dem gelähmten Mann durch eine Dachluke zu ihm heruntergelassen. Die Freunde des Gelähmten hatten versucht, durch die Tür zu Jesus vorzudringen. Doch die Menschen standen so dicht beieinander, daß die Männer mit der Tragbahre nicht ins Haus gelangen konnten. Da stiegen sie auf das Flachdach des Hauses und nahmen so viele Ziegel weg, bis die Luke groß genug war, um die Bahre mit dem Gelähmten hindurchzulassen.

Als Jesus sah, welchen starken Glauben die Männer hatten, sagte er zu dem Gelähmten: »Steh auf! Deine Sünden sind dir vergeben.« Alle, die hörten, was Jesus sagte, wunderten sich. Vor allem aber die Schriftgelehrten und Pharisäer dachten: »Wer außer Gott kann Sünden vergeben?« Jesus wußte, was sie dachten.

Deshalb sagte er zu dem gelähmten Mann: »Damit alle sehen, welche Macht ich habe, sage ich dir: Steh auf! Nimm die Tragbahre, und geh jetzt nach Hause.«

Sofort stand der Gelähmte auf, nahm die Bahre, auf der er gelegen hatte, dankte Jesus, lobte Gott und ging zu seinen Freunden.

Alle Leute, die gesehen hatten, was geschehen war, staunten. Sie lobten Gott und sagten: »Heute haben wir etwas Unglaubliches miterlebt.«

Der gläubige Hauptmann

In der Stadt Kafarnaum lebte ein römischer Hauptmann. Er war bei seinen Soldaten und Dienern wegen seiner Gerechtigkeit beliebt. Eines Tages erkrankte einer von seinen Untergebenen. Die Krankheit verschlimmerte sich so, daß niemand mehr dem Mann helfen konnte.

Da hörte der Hauptmann, daß Jesus in der Nähe war. Weil der römische Hauptmann auch zu den jüdischen Einwohnern gerecht und gut war, erklärten sich auf seine Bitten hin einige von ihnen bereit, Jesus zu Hilfe zu holen. Sie gingen zu Jesus und trugen ihm die Bitte des Hauptmanns vor, in sein Haus zu kommen und den todkranken Mann zu heilen. Und Jesus ging mit ihnen.

Als Jesus schon in der Nähe des Hauses war, schickte der Hauptmann ihm Freunde entgegen. Sie sagten zu Jesus: »Der Hauptmann läßt dir sagen: Herr, du brauchst nicht bis in mein Haus zu kommen. Denn ich bin nicht würdig, daß du bei mir einkehrst. Sprich nur ein Wort, dann wird mein Diener gewiß gesund. Auch ich muß Befehlen gehorchen. Und meine Soldaten und Diener müssen mir gehorsam sein. Wenn ich zu einem von ihnen sage: Geh!, dann geht er. Oder wenn ich befehle: Komm!, dann kommt er. Und wenn ich einem anderen auftrage: Tu das!, so tut er es. Wenn du nun der Krankheit meines Dieners befiehlst, ihn zu verlassen, so wird sie dir gehorchen.«

Jesus war erstaunt über das, was der römische Hauptmann ihm sagen ließ. Er sagte zu den Leuten, die ihn begleiteten: »Einen so großen Glauben habe ich in ganz Israel nirgends gefunden.«

Und zu den Freunden des Hauptmanns sagte er: »Geht heim zum Hauptmann. Denn was er geglaubt hat, ist bereits geschehen.«

Als die Freunde in das Haus des Hauptmanns zurückkehrten, war der Kranke schon geheilt, und die Freude war groß.

Jesus stillt den Sturm

Eines Tages sagte Jesus zu seinen Jüngern: »Laßt uns an die andere Seite des Sees fahren.« Da stiegen sie in ein Fischerboot, um den See Gennesaret zu überqueren.

Während der Überfahrt wurde Jesus müde und schlief ein. Plötzlich brach ein heftiger Sturm los. Das Wasser wurde hoch aufgepeitscht, die Wellen schlugen ins Boot, und sie gerieten in große Gefahr.

Jesus aber schlief.

Als die Gefahr immer größer wurde, stieg auch die Angst der Jünger. Sie wußten keinen andern Rat mehr, als Jesus zu wecken und ihn um Hilfe zu bitten.

Sie schrien: »Herr, rette uns! Wir gehen unter!« Jesus wachte auf. Als er die Angst seiner Jünger sah, stand er auf und erhob seine Hand. Er drohte dem Sturm und den Wellen.

Sogleich trat Windstille ein, und die Wellen des Sees glätteten sich.

Dann wandte sich Jesus seinen Jüngern zu und sagte: »Warum seid ihr so ängstlich? Ihr wißt doch, daß ich bei euch bin. Habt ihr noch kein Vertrauen?«

Die Jünger aber schauten einander an. Sie fragten sich untereinander, erstaunt und furchtsam zugleich: »Wer ist dieser Jesus? Was ist er für ein Mensch, wenn ihm sogar Sturm und Wasser gehorchen?«

Dann fuhren sie mit dem Boot hinüber auf die andere Seite des Sees, wie Jesus es gesagt hatte.

Brote und Fische eines kleinen Jungen

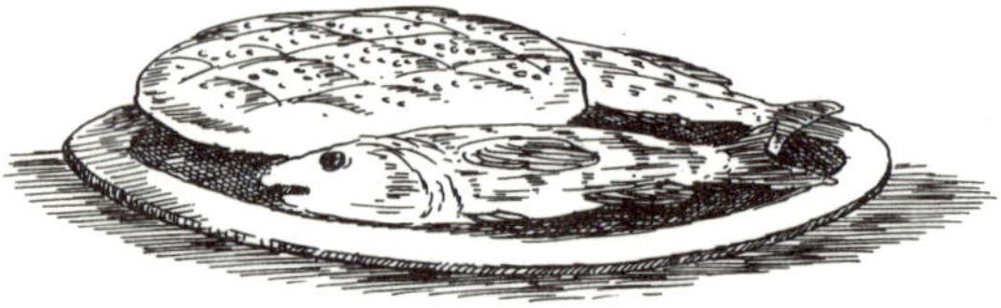

Jesus und seine Jünger wurden überall, wohin sie auch kamen, von vielen Menschen aufgesucht. Alle wollten Jesus hören. Es waren auch immer viele Kranke unter dem Volk. Sie hofften, daß Jesus sie gesund machen würde. Eines Tages wollte Jesus mit den Jüngern allein sein. Deshalb zog er sich mit ihnen in die Nähe der Stadt Betsaida zurück. Doch die Leute erfuhren von seinem Aufenthalt und folgten ihm.

Jesus empfing alle freundlich. Er redete mit ihnen über Gott und seine Liebe zu den Menschen. Dann wandte er sich den Kranken zu und heilte alle, die seine Hilfe nötig hatten.

Als es Abend wurde, kamen seine Jünger zu Jesus

und baten: »Sage den Leuten, sie sollen fortgehen, damit sie noch in der Umgebung etwas zu essen kaufen können und in den Gasthöfen und Häusern Unterkunft für die Nacht finden. Denn wir sind hier an einem ziemlich abgelegenen Ort.«

Jesus antwortete: »Gebt ihr ihnen zu essen.«

Doch die Jünger erwiderten: »Wir haben nichts, was wir den Leuten geben könnten. Wir müßten selbst erst weggehen, um einzukaufen. Nur ein kleiner Junge ist hier, der fünf Brote und zwei Fische bei sich hat. Aber was ist das für so viele Menschen?«

Da sagte Jesus: »Laßt die Leute sich setzen.«

Dann rief er den Jungen zu sich und bat ihn, ihm die fünf Brote und die zwei Fische zu geben. Danach sah er zum Himmel auf und sprach ein Dankgebet. Er brach das Brot und sagte zu seinen Jüngern: »Nun teilt das Brot und alle Fische an die Leute aus.«

Es waren fünftausend Männer und viele Frauen und Kinder versammelt, als die Jünger anfingen, die gebrochenen Brotstücke und die Fische auszuteilen.

Die Jünger brachten allen Leuten Brot und Fisch. Alle bekamen soviel, daß sie satt wurden.

Nachdem alle genug gegessen hatten, sagte Jesus zu den Jüngern: »Sammelt alle übriggebliebenen Brotstücke ein, damit nichts verdirbt.«

Die Jünger gingen hin und taten, was Jesus ihnen gesagt hatte. Und sie sammelten zwölf Körbe voll Brotstücke ein, die nach dem Essen von den fünf Broten noch übriggeblieben waren.

Die Menschen, die gesehen und gehört hatten, was Jesus getan hatte, wunderten sich sehr. Sie sagten: »Das ist wirklich ein großer Prophet, daß er solche Taten vollbringen kann.«

Jesus geht über das Wasser

Nachdem Jesus zu den Leuten über Gott gesprochen und viele Kranke geheilt hatte, wollte er allein sein. Er schickte die Leute weg und bat die Jünger, mit dem Boot auf die andere Seite des Sees zu fahren und dort auf ihn zu warten. Dann ging er in die Einsamkeit, um zu beten.

Während die Jünger mit dem Boot unterwegs waren, begann ein heftiger Sturm. Hohe Wellen brachten das Boot in große Gefahr, und die Jünger fürchteten sich sehr. Sie wünschten, daß Jesus bei ihnen wäre, um ihnen zu helfen. Unterdessen war die Nacht hereingebrochen. Der Sturm blies immer heftiger, und die Wellen warfen das Boot hin und her.

Plötzlich sahen die Jünger Jesus auf sich zukommen.

Er ging auf dem Wasser. Da erschraken sie, weil sie dachten, es wäre ein Gespenst. Als sie vor Angst laut aufschrien, begann Jesus mit ihnen zu reden. Er sagte: »Fürchtet euch nicht. Ich bin es wirklich. Vertraut mir.«

Als Simon Petrus die Stimme seines Herrn und Meisters hörte, rief er aus: »Herr, wenn du es bist, dann befiehl mir, dir auf dem Wasser entgegenzukommen.«

Jesus rief: »Komm zu mir, Petrus!«

Da stieg Simon Petrus aus dem Boot, stand auf dem Wasser und ging dann auf Jesus zu. Als er aber merkte, wie heftig der Sturm wehte und wie hoch die Wellen schlugen, bekam er Angst. Und schon nach wenigen Schritten begann er unterzugehen. Er rief ängstlich: »Jesus, rette mich!«

Jesus kam zu ihm, streckte ihm seine Hand entgegen und sagte: »Simon Petrus, warum bist du so ängstlich? Und warum hast du gezweifelt? Was du brauchst, ist der feste Glaube!«

Dann stiegen Jesus und Simon in das Boot, und sofort legte sich der Sturm, und das Wasser wurde glatt. Da fielen die Jünger im Boot vor Jesus nieder und sagten: »Du bist wirklich der Sohn Gottes.«

Jesus und die Kinder

Jesus und seine Jünger gingen von Stadt zu Stadt, von Dorf zu Dorf und verkündeten die Botschaft vom Reich Gottes.

Überall kamen viele Leute zu Jesus, Männer und Frauen, aber auch Kinder. Alle wollten ihn hören und sehen. Alle warteten auf ein gutes und tröstendes Wort von Jesus. Immer wieder waren auch kranke und behinderte Menschen darunter. Sie hofften auf Heilung.

Während Jesus noch in einem Ort zu den Menschen sprach, eilten ihm bereits einige Leute voraus mit der Nachricht, daß er im Nachbarort lehre. So konnten sich die Einwohner der Dörfer und Städte auf das Kommen Jesu einstellen.

Als eines Tages wieder eine große Volksmenge versammelt war, wollten Mütter und Väter auch ihre Kinder näher zu Jesus bringen. Viele Eltern wünschten, daß Jesus ihren Kindern die Hand auflegen und sie segnen sollte. Aber es war mühsam, zu Jesus vorzudringen, weil er inmitten der Menge stand.

Da baten einige Männer und Frauen die Jünger, ihren Kindern zu helfen, näher an Jesus heranzukommen. Die Jünger aber wiesen die Bitten der Eltern ab. Sie sagten: »Seht ihr nicht, wie Jesus von vielen Menschen um Hilfe gebeten wird? Da hat er nicht noch Zeit, euren Kindern die Hände aufzulegen und sie zu segnen. Geht mit den Kindern nach Hause.«

Als Jesus sah, daß die Jünger die Eltern mit ihren Kindern wegschicken wollten, rief er laut: »Warum sollen die Kinder nicht zu mir kommen? Macht den Weg für sie frei, und hindert sie nicht! Denn gerade den Kindern und den Menschen, die so sind wie Kinder, gehört das Reich Gottes. Und wer das Reich Gottes nicht annimmt wie ein Kind, wird auch nicht hineinkommen.« Da liefen die Kinder auf Jesus zu. Er schloß sie in seine Arme, legte ihnen die Hände auf und segnete sie.

Dann erzählte er auch ihnen von Gott und seiner Liebe zu den Menschen. Erst danach wandte sich Jesus wieder den vielen wartenden Erwachsenen zu.

Der Mann,

der hören und sprechen wollte

Eines Tages kam Jesus mit seinen Jüngern in die Nähe einer kleinen Stadt. In der Stadt lebte ein Mann, der taubstumm war, also weder hören noch sprechen konnte.

Seine Freunde hatten von den vielen Krankenheilungen gehört, die Jesus vollbracht hatte. Deshalb baten sie den taubstummen Mann, mit ihnen zusammen Jesus entgegenzugehen.

Als sie Jesus und seine Jünger kommen sahen, blieben sie am Straßenrand stehen und baten: »Herr, hilf unserm Freund! Er ist taubstumm.« Jesus blieb stehen. Dann nahm er den Taubstummen an die Seite, denn es hatten sich unterdessen viele Leute versammelt.

Jesus legte dem Mann zuerst die Finger in die Ohren. Dann berührte er die Zunge des Taubstummen mit Speichel. Jesus blickte zum Himmel empor und betete. Dann sprach er zu dem Mann: »Öffne dich!« Sogleich konnte der Mann hören und sprechen. Seine Ohren hatten sich geöffnet, und seine Zunge hatte sich gelöst.

Der Mann lief glücklich zu seinen Freunden, die ihn hierhergebracht hatten. Er rief immer wieder: »Ich kann hören! Ich kann sprechen! Ich kann hören! Ich kann sprechen!«

Die Freunde freuten sich mit ihm, und alle Menschen, die gesehen hatten, was Jesus an dem Mann getan hatte, lobten und priesen die wunderbare Tat und dankten Gott.

Jesus jedoch verbot ihnen, jemandem davon zu erzählen. Doch je mehr er es ihnen verbot, desto mehr machten sie es allen bekannt, die die Heilung nicht gesehen hatten. Sie sagten: »Es ist wunderbar, was Jesus tut. Er macht alles gut und heil. Sogar die taub waren, können hören, und die stumm waren, können reden.«

Die Leute begleiteten Jesus und seine Jünger noch ein Stück auf seinem Weg. Der Mann, der nun geheilt war, dankte Jesus und ging zu seinen Angehörigen in die Stadt.

Der Mann, der sehen wollte

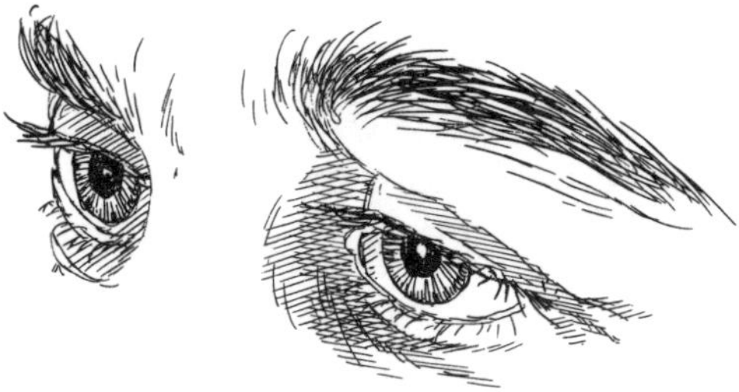

Jesus hatte in der Stadt Jericho gelehrt. Nun zog er mit seinen Jüngern weiter, um in einem anderen Ort über das Reich Gottes zu reden. Eine große Menschenmenge folgte ihm und seinen Jüngern.

Am Wegrand saß ein blinder Mann und bettelte. Er hieß Bartimäus. Als er hörte, daß eine große Menschenmenge vorbeiging, fragte er: »Was hat das zu bedeuten?«

Da sagte jemand zu ihm: »Jesus von Nazaret war in Jericho. Nun geht er in einen anderen Ort, und viele Menschen begleiten ihn.«

Da rief Bartimäus laut: »Jesus, Herr und Meister, hab Erbarmen! Hilf mir!«

Die Leute, die an ihm vorübergingen, wurden ärgerlich. Sie befahlen ihm zu schweigen.

Bartimäus aber rief noch viel lauter: »Jesus, hab Erbarmen mit mir!«

Als Jesus Bartimäus rufen hörte, blieb er stehen. Er sagte: »Ruft den Mann zu mir.«

Da gingen einige zu dem Blinden und sagten zu ihm: »Steh auf, Bartimäus. Jesus wartet auf dich.«

Da stand der blinde Mann auf und ließ sich zu Jesus führen.

Jesus fragte den Blinden: »Was soll ich für dich tun?« Bartimäus antwortete: »Herr, ich möchte so gern sehen können!«

Da sagte Jesus zu ihm: »Bartimäus, du sollst sehen können. Denn du hast einen starken Glauben. Und dein Glaube hat dir geholfen.« Die Menschenmenge drängte zu Jesus und Bartimäus. Und das Wunderbare geschah. In dem Augenblick, als Jesus zu Bartimäus gesagt hatte »Du sollst sehen können«, öffneten sich die Augen des Mannes, und er konnte sehen. Bartimäus dankte Jesus, lobte und pries Gott und schloß sich der Menschenmenge, die Jesus folgte, an.

Die Leute aber, die gesehen hatten, was geschehen war, lobten Gott.

EINER KAM, UM SICH ZU BEDANKEN

In einem Dorf im Grenzgebiet zwischen Samaria und Galiläa lebten zehn vom Aussatz befallene Männer. Der Aussatz ist eine furchtbare Krankheit, die nach und nach den ganzen Körper befällt. Große eitrige Wunden entstellen das Gesicht. In der Zeit, als Jesus lebte, galt der Aussatz als unheilbar.

Weil die Krankheit so ansteckend war, durften die Aussätzigen nicht mit gesunden Menschen zusammenleben. Sie wohnten deshalb draußen vor dem Dorf oder vor der Stadt. Die Angehörigen brachten ihnen etwas zu essen, stellten es aber in einiger Entfernung von ihnen ab. Sie durften nicht mit den Aussätzigen in Berührung kommen.

Eines Tages sahen die zehn Aussätzigen eine große

Menschenmenge kommen. Da wußten sie, daß Jesus in der Nähe sein mußte. Denn sie hatten schon viel von ihm gehört. Deshalb gingen sie den Menschen entgegen und riefen aus der Ferne: »Jesus, Herr, habe Erbarmen mit uns!«

Als Jesus die zehn Aussätzigen sah, blieb er stehen und sagte zu ihnen: »Geht und zeigt euch den Priestern.«

In der damaligen Zeit hatten die Priester darüber zu entscheiden, ob jemand gesund war und in dem Ort mit den anderen Menschen leben durfte oder draußen bleiben mußte.

Die zehn Aussätzigen gingen sogleich los, um sich den Priestern zu zeigen. Unterwegs wurden sie vom Aussatz rein und waren wieder gesund. Da liefen und sprangen sie vor Freude, um schnell zu ihren Angehörigen gehen zu können.

Einer von den zehn Geheilten aber kehrte um, als er sah, daß er rein war. Er ging zu Jesus, warf sich vor ihm nieder und dankte ihm. Dann pries er Gott mit lauter Stimme.

Jesus sagte zu dem Mann: »Ich habe doch zehn Kranke geheilt. Und du bist der einzige, der kommt, um sich zu bedanken. Wo sind die übrigen neun? Ist keiner außer dir umgekehrt, um Gott zu ehren?«

Jesus war traurig. Aber zu dem einen, der zu ihm gekommen war, sagte er: »Steh nun auf und geh! Dein Glaube hat dir geholfen.«

Als die Menschen, die mit Jesus gezogen waren, sahen, was geschehen war, lobten und priesen sie Gott.

Eine Beispielgeschichte, die Jesus erzählt hat

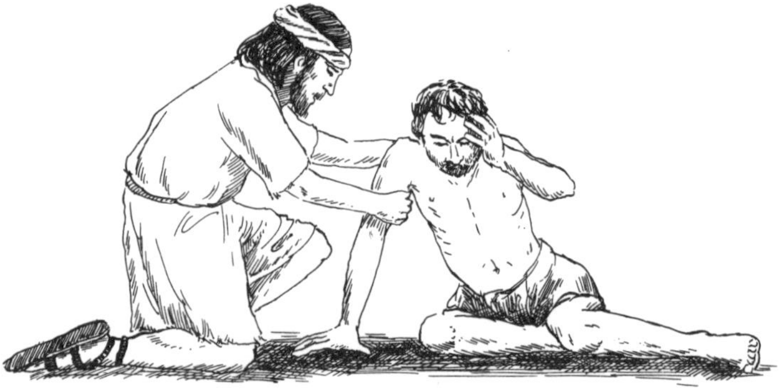

Jesus erzählte die nun folgende Geschichte, weil er wollte, daß die Menschen sich lieben und einander helfen.

Ein Mann ging von Jericho nach Jerusalem. Auf einem einsamen Wegstück sprangen plötzlich Räuber auf den Mann zu, schlugen ihn nieder und plünderten ihn aus. Dann liefen sie weg und ließen den Überfallenen schwer verletzt am Straßenrand liegen. Der Mann brauchte dringend Hilfe, aber niemand war in der Nähe. Endlich kam jemand. Es war ein Priester. Der schwerverletzte Mann stöhnte. Der Priester sah den Mann liegen und ging dennoch vorbei. Nach einer Weile kam ein Levit vorbei. Als er den verletzten Mann liegen sah, hielt er einen Augenblick lang an, ging dann aber doch weiter.

Es verging lange Zeit, bis wieder Schritte zu hören waren. Ein Mann mit einem Esel kam die Straße entlang und sah den Überfallenen am Straßenrand liegen. Da hielt er an, denn er hatte Mitleid mit dem Schwerverletzten. Er nahm Öl und Wein aus seiner Packtasche, wusch die Wunden des überfallenen Mannes aus und verband sie. Dann holte er seinen Esel näher heran und hob den Verletzten in den Sattel. Nach einem langen Weg kamen sie zu einer Herberge. Der barmherzige Mann bat den Wirt, ihm bei der Pflege des verletzten Mannes zu helfen. Sie legten ihn in ein Bett und versorgten ihn mit allem, was er brauchte.

Am nächsten Morgen gab der fremde Wanderer dem Wirt Geld und sagte zu ihm: »Sorge gut für den Verletzten, damit er schnell wieder gesund wird. Wenn das Geld, das ich dir gegeben habe, nicht ausreicht, so schreibe deine Ausgaben auf. Ich werde auf dem Rückweg zu dir kommen und den Rest bezahlen.«

Dann zog der Fremde mit seinem Esel fort.

ZACHÄUS

Zachäus war ein reicher Mann. Er lebte in einem großen, schönen Haus in der Stadt Jericho. Die Leute mochten ihn nicht. Sie sagten: »Zachäus ist so reich, weil er uns das Geld weggenommen hat.« Und das stimmte. Denn Zachäus war Oberzöllner und mußte die Steuern für den Kaiser in Rom eintreiben. Das Land Israel war von den Römern besetzt, und die Bewohner des Landes mußten hohe Steuern an die römischen Herren bezahlen.

Zachäus nahm den Leuten aber noch mehr Geld ab, als er an die Römer weitergeben mußte. Deshalb war er bei den Einwohnern der Stadt sehr unbeliebt. Niemand besuchte ihn. Niemand lud ihn ein.

Eines Tages erfuhren die Einwohner Jerichos, daß Jesus und seine Jünger auf dem Weg in ihre Stadt waren. Sie freuten sich, daß Jesus zu ihnen kommen wollte.

Auch Zachäus wollte Jesus sehen und hören, was er über Gott zu erzählen hatte. So ging auch er hinaus, um an der Straße auf Jesus zu warten. Aber es standen so viele Leute da, daß er keinen Platz finden konnte, von dem aus er Jesus hätte sehen können. Denn Zachäus war klein. Da ging er bis vor die Stadt hinaus und kletterte auf einen Feigenbaum an der Straße. Vom Baum aus hatte er gute Sicht.

Als Jesus an den Feigenbaum kam, blieb er stehen, schaute hinauf und sagte: »Zachäus, steige vom Baum herab, denn ich will heute Gast in deinem Haus sein.«

Da stieg Zachäus schnell herunter und nahm Jesus gern bei sich auf.

Die Leute aber waren ärgerlich und sagten: »Jesus kehrt bei einem schlechten Menschen, einem Betrüger, ein. Wie kann er das nur tun?«

Zachäus wandte sich nun an Jesus und sagte zu ihm: »Herr, ich will die Hälfte meines Besitzes an die Armen abgeben. Und wenn ich von jemandem zuviel gefordert habe, so werde ich es ihm vierfach erstatten.«

Da erwiderte Jesus: »Heute ist in deinem Haus das Heil eingekehrt. Auch du bist ein Sohn Abrahams. Denn ich bin gekommen, um zu suchen und zu retten, was verloren ist.«

Zachäus begann mit dem Tag, als Jesus Gast in seinem Haus war, ein ganz neues Leben.

Die Menschen jubeln Jesus zu

Es war Frühling im Lande Israel, und das Paschafest war nahe. Da pilgerten die Menschen aus allen Dörfern und Städten des Landes nach Jerusalem, um das große Fest zu feiern.

Auch Jesus und seine Jünger waren unterwegs nach Jerusalem. Als sie nahe bei dem Dorf Betania am Ölberg Rast machten, rief Jesus zwei seiner Jünger zu sich. Er sagte zu ihnen: »Geht in das Dorf, das vor uns liegt. Am Eingang des Dorfes werdet ihr ein Eselsfohlen finden, das an einen Pflock angebunden ist. Bindet das Tier los, und bringt es zu mir. Wenn jemand euch fragen sollte, warum ihr das Eselsfohlen losbindet, dann sagt ihm: ›Der Herr braucht es.‹«

Als die beiden Jünger am Eingang des Dorfes waren, fanden sie den jungen Esel, wie Jesus ihnen gesagt hatte. Während die Jünger das Fohlen losbanden, riefen die Leute, denen es gehörte: »Warum bindet ihr das Tier los?« Die Jünger antworteten: »Der Herr braucht es.« Dann brachten sie das Eselsfohlen zu Jesus. Sie legten Kleider auf den Rücken des Tieres und halfen Jesus aufsitzen.

Als die Leute Jesus auf dem Rücken des jungen Esels reiten sahen, breiteten sie ihre Oberkleider auf dem Weg aus. So ritt Jesus bis zu der Stelle, wo der Weg vom Ölberg nach Jerusalem hinabführt. Da begannen die Jünger frohen Herzens und mit lauter Stimme Gott zu loben und zu preisen. Denn sie dachten an die vielen Zeichen und Wundertaten, die sie gesehen hatten. Und immer mehr Leute stimmten in das Lob Gottes ein. Sie riefen: »Gepriesen sei der König, der im Namen des Herrn kommt! Hosanna! Friede im Himmel, und Herrlichkeit in der Höhe! Hosanna!« Die Leute brachen Palmzweige ab, hielten sie Jesus entgegen und jubelten ihm zu. Immer lauter wurde der Gesang, und immer mehr Menschen kamen, um Jesus zu begleiten oder ihm den Weg zu bereiten. So zog Jesus wie ein König in Jerusalem ein. Das gefiel einigen Pharisäern nicht. Sie versuchten, näher an Jesus heranzukommen. Als ihnen das wegen der großen Menschenmenge nicht gelang, riefen sie Jesus zu: »Befiehl deinen Jüngern und Leuten zu schweigen!« Jesus aber antwortete ihnen: »Ich sage euch: Wenn alle diese Menschen aufhören, zu rufen und zu singen, dann werden die Steine schreien.«

Jesus wäscht seinen Jüngern die Füsse

Das Paschafest war gekommen. Jesus hielt sich mit seinen Jüngern draußen vor den Toren der Stadt Jerusalem bei Bekannten auf. Er sagte zu seinen Jüngern: »Wir wollen gemeinsam das Paschafest halten. Deshalb sollen zwei von euch in die Stadt vorausgehen. In der Stadt werden sie einen Mann sehen, der einen Wasserkrug trägt. Diesem Mann sollen sie in das Haus folgen und dort nach dem Besitzer fragen. Der Besitzer wird ihnen den Raum zeigen, in dem wir das Mahl halten werden. Die zwei müssen jedoch sagen, daß ich sie schicke. Dann sollen sie alles vorbereiten, was für das Paschamahl gebraucht wird.«

Die beiden Jünger, die nach Jerusalem geschickt wurden, fanden alles so, wie Jesus vorausgesagt hatte. Dann bereiteten sie das Mahl für Jesus und seine zwölf Jünger vor.

Jesus wußte, daß nun die Stunde für ihn gekommen war, aus dieser Welt zum Vater im Himmel zu gehen. Jesus liebte seine Jünger. Er liebte sie bis ans Ende. Jesus wußte, daß einer seiner Jünger, Judas Iskariot, in dieser Nacht vom Bösen verführt und seinen Herrn und Meister an seine Feinde ausliefern würde. Jesus wußte aber auch, daß dieses so geschehen mußte, damit er zu seinem Vater im Himmel, der ihn in die Welt gesandt hatte, zurückkehren konnte.

Bevor Jesus mit den Jüngern das Mahl hielt, stand er vom Tisch auf, legte das Oberkleid ab und umgürtete sich mit einem Leinentuch. Dann goß er Wasser in eine Schale und begann, den Jüngern die Füße zu waschen. Mit dem Leinentuch trocknete er sie wieder ab. Nachdem er vor allen zwölf Jüngern niedergekniet war und ihnen die Füße gewaschen hatte, fragte er sie: »Begreift ihr, was ich an jedem von euch getan habe? Ihr sagt zu mir Meister und Herr. Und ihr sagt es mit Recht; denn ich bin es auch. Deshalb habe ich euch ein Beispiel gegeben, damit auch ihr einander die Füße wascht. Denn niemand ist so groß und so bedeutsam, als daß er nicht auch seinem Mitmenschen dienen sollte.«

Gottes grosser Plan

In Jerusalem waren viele Menschen zusammengekommen, um das Paschafest zu feiern. Der Gesang der Menschen im Tempel zum Lobpreis Gottes schallte durch die Stadt. Aber nicht alle Leute in Jerusalem waren in froher Erwartung des großen Festes. Es gab eine Gruppe von Hohenpriestern und Schriftgelehrten, die einen Plan überlegten, wie sie Jesus töten könnten. Jesus war nach Meinung dieser Gruppe zu mächtig geworden; denn das Volk liebte ihn. Deshalb sollte Jesus in aller Stille gefangengenommen und schnell zum Tode verurteilt werden.

Während sie noch überlegten, trat Judas Iskariot, vom Bösen getrieben, in ihre Mitte und bot ihnen seine

Hilfe an. Er nannte ihnen den Ort, an dem sie Jesus fangen könnten. Denn Judas wußte, daß Jesus nach dem Mahl mit den Jüngern in den Garten Getsemani gehen wollte, um dort zu beten. Judas bekam für seine Hilfe dreißig Silberstücke ausbezahlt.

Als Jesus mit seinen Jüngern im Garten Getsemani angekommen war, wollte er im Gebet mit seinem Vater im Himmel sprechen. Er sagte deshalb zu seinen Jüngern: »Bleibt hier und wartet auf mich. Ich möchte allein sein, um zu beten.«

Die Jünger setzten sich nieder. Es war schon spät, und sie wurden sehr müde. Sie schliefen ein. Jesus kam und weckte sie. Er sagte: »Steht auf. Wir wollen gehen. Denn seht, dort kommen bewaffnete Männer, um mich zu verhaften.« Eine Schar bewaffneter Männer kam auf Jesus zu. Jesus ging ihnen entgegen und fragte sie: »Wen sucht ihr?« Die Männer antworteten: »Jesus von Nazaret.« Jesus sagte: »Ich bin es, den ihr sucht.« Da wichen die Männer einen Schritt zurück. Jesus aber sagte noch einmal: »Ich bin der, den ihr sucht.« Im gleichen Augenblick sprang Petrus vor und schlug einem der Männer mit dem Schwert ein Ohr ab.

Jesus aber heilte das Ohr des Mannes und sagte zu Simon Petrus: »Laß geschehen, was geschehen muß. Wenn ich Hilfe bräuchte, so könnte ich meinen Vater im

Himmel bitten, mir Engel zu schicken, die für mich kämpften. Aber ich muß leiden, damit ich die Menschen nach dem Plan meines Vaters erlösen kann.«

Da nahmen die bewaffneten Männer Jesus gefangen. Sie führten ihn zu dem Hohenpriester Kajaphas. Kajaphas war der höchste aller Priester des Landes. Er hatte die Hohenpriester und den Ältestenrat zum Gericht versammelt und fragte Jesus: »Bist du der Messias, der Sohn Gottes?« Jesus antwortete ihm: »Ja, ich bin es.« Da riefen alle zornig: »Du hast dich selbst zum Sohn Gottes gemacht! Darauf steht die Todesstrafe!« Kajaphas schickte Jesus unter Bewachung zu Pilatus, dem höchsten römischen Beamten in Israel. Er sollte Jesus zum Tode verurteilen. Pilatus aber sagte: »Ich kann bei diesem Mann keine Schuld feststellen.« Pilatus wollte Jesus freigeben. Die Hohenpriester jedoch riefen: »Jesus hat sich selbst zum Sohn Gottes gemacht. Nach unserem Gesetz muß er sterben! Laß ihn kreuzigen!« Sie ließen nicht nach, Jesus anzuklagen, bis Pilatus nachgab und ihn kreuzigen ließ. Jesus wurde an Händen und Füßen ans Kreuz geschlagen. Als das Kreuz aufgerichtet war, sah Jesus zum Himmel auf und betete: »Vater, vergib ihnen allen, denn sie wissen nicht, was sie tun!«

Dann sah Jesus zu Johannes und seiner Mutter hin. Er bat Johannes, für seine Mutter zu sorgen. Am Nachmittag kam eine Finsternis über das Land. Die Sonne verdunkelte sich für drei Stunden. Dann rief Jesus laut: »Vater im Himmel! Ich habe getan, was du mir aufgetragen hattest. Nun lege ich meinen Geist in deine Hände.«

Nach diesen Worten starb Jesus. Er hatte den großen Plan Gottes erfüllt.

Der wunderbare Sonntag

Nachdem Jesus gestorben war, ging Josef, ein reicher Mann aus der Stadt Arimathäa, zu Pilatus und bat ihn um den Leichnam Jesu. Josef von Arimathäa war auch ein Jünger Jesu. Er hatte es aber aus Furcht vor den Juden geheimgehalten. Pilatus ordnete an, Josef den Leichnam zu überlassen. Josef wickelte den Leichnam in ein reines Leinentuch und legte ihn in ein neues Grab, das er für sich selbst in einen Felsen hatte schlagen lassen. Dann wälzte er mit Hilfe seiner Freunde einen großen Stein vor den Eingang des Grabes und ging weg.

Am nächsten Tag gingen Abgeordnete der Hohenpriester zu Pilatus und baten ihn, den Eingang des

Grabes bewachen zu lassen, damit niemand dort hineingehen könnte.

Pilatus erfüllte den Wunsch der Hohenpriester. Er ließ den Eingang zum Grab versiegeln und durch Soldaten bewachen.

Am frühen Sonntag morgen, es war der dritte Tag, nachdem Jesus gekreuzigt worden war, wollten einige Frauen nach dem Grab sehen und den Leichnam mit wohlriechendem Öl einreiben. Unterwegs überlegten sie, wie sie den Stein vor dem Eingang des Grabes wegwälzen könnten. Als sie aber kurz nach Sonnenaufgang am Grab ankamen, sahen sie, daß der große Stein schon weggewälzt war. Da gingen sie in das Grab hinein. Dort, wo Jesus gelegen hatte, sahen sie einen jungen Mann sitzen. Er hatte ein leuchtendweißes Gewand an. Die Frauen erschraken sehr. Der junge Mann aber sagte zu ihnen: »Fürchtet euch nicht. Jesus, den ihr sucht, ist nicht mehr tot. Er ist auferstanden, wie er es gesagt hatte. Seht, hier ist die Stelle, wo man ihn hingelegt hatte. Geht nun schnell zu den Jüngern, und sagt ihnen, was geschehen ist.«

Da verließen die Frauen das Grab und eilten zu den Jüngern, um ihnen zu erzählen, was sie gehört und gesehen hatten.

Eine der Frauen, Maria Magdalena, kehrte unterwegs jedoch um. Sie konnte nicht glauben, was sie soeben gehört und gesehen hatte. Sie weinte, weil sie nicht wußte, wo der Leichnam Jesu hingekommen war. Da hörte sie plötzlich eine Stimme, die zu ihr sprach: »Warum weinst du?« Weil sie dachte, der Gärtner hätte mit ihr geredet, fragte sie: »Wohin hast du ihn gebracht?« Da gab Jesus sich zu erkennen. Er sagte zu ihr: »Maria.« Sie drehte sich um, erkannte Jesus und rief: »Herr, du bist es!« Jesus gab ihr den Auftrag: »Gehe nun zu den anderen und sage ihnen: Ich habe den Herrn gesehen.«

Maria Magdalena lief schnell zu den Jüngern und richtete ihnen aus, was Jesus ihr gesagt hatte.

Jesus begegnete seinen Jüngern und Freunden an diesem wunderschönen Tag und später noch einige Male. Er erklärte ihnen den großen Plan Gottes, und sie begannen zu begreifen, warum alles so hatte kommen müssen.

Die ersten Glaubensboten

Vierzig Tage nach seiner Auferstehung kam Jesus zu seinen Jüngern und sprach zu ihnen über die Liebe Gottes zu den Menschen. Jesus erklärte ihnen, daß er von seinem Vater gesendet war, um alle Menschen froh zu machen. Die Jünger, später auch Apostel genannt, sollten die frohe Botschaft von der Liebe Gottes allen Menschen verkünden. Er machte die Apostel zu seinen Boten. Denn er selbst hatte seinen Auftrag auf der Erde erfüllt, und er wollte zu seinem Vater im Himmel zurückkehren. Er sagte zu den Aposteln: »Ihr braucht euch nicht zu ängstigen, wenn ich zu meinem Vater gehe. Denn ich werde immer bei euch sein, ganz gleich, wo ihr euch aufhaltet und was ihr tut.« Dann ging er mit ihnen zum Ölberg vor den Toren der Stadt Jerusalem. Da sagte er zu ihnen: »Nun geht hinaus zu allen Menschen und verkündet, was ich euch vom Reich Gottes erzählt habe! Bevor ihr aber in die Welt hinausgeht, werdet ihr die Kraft des Heiligen Geistes empfangen, damit ihr für eure Aufgabe gestärkt seid.«

Als Jesus das gesagt hatte, wurde er vor ihren Augen emporgehoben, und eine Wolke nahm ihn auf. Während die Apostel noch zum Himmel aufschauten, standen plötzlich zwei Männer in weißen Gewändern bei ihnen. Sie sagten zu den Aposteln: »Warum steht ihr da und seht zum Himmel auf? Jesus wurde in den Himmel aufgenommen, aber er wird wiederkommen am Ende der Zeit.«

Da gingen die Apostel zurück nach Jerusalem. Aber sie waren nicht mehr traurig. Denn Jesus hatte ihnen versprochen, immer bei ihnen zu sein. Sie gingen in ihren Versammlungsraum und begannen dort zu beten. Auch Maria, die Mutter Jesu, war bei ihnen.

Sie besprachen, was Jesus ihnen zum Abschied gesagt hatte, und bereiteten sich auf die Aufgabe vor, die frohe Botschaft vom Reich Gottes allen Menschen zu verkünden.

Zehn Tage lang blieben sie zum Beten zusammen. Dann hörten sie plötzlich vom Himmel her ein lautes Brausen wie von einem starken Sturm. Es erschienen ihnen Zungen wie von Feuer, die sich im Raum verteilten. Und auf jeden von ihnen kam der Heilige Geist herab.

Petrus verkündet die Frohe Botschaft

Die Apostel Petrus und Johannes wollten eines Tages zur Mittagszeit in den Tempel gehen, um zu beten. An dem großen Tor des Tempels saß ein Bettler, der von Geburt an gelähmt war. Jeden Tag wurde er von Freunden an das Tor gebracht. Als Petrus und Johannes durch das Tor gingen, rief der gelähmte Bettler: »Helft mir bitte! Helft mir!«

Die zwei Apostel blieben stehen, und Petrus sagte zu dem Mann: »Sieh uns an!« Der Bettler sah auf und streckte seine Hand aus, weil er eine Gabe erwartete.

Petrus aber sagte: »Ich besitze kein Geld. Aber was ich habe, gebe ich dir.« Und er faßte den gelähmten Mann an der Hand und rief: »Im Namen Jesu sage ich dir: Steh auf und geh umher!«

Da kam Kraft in die Füße des Mannes. Er sprang auf, konnte stehen und begann umherzugehen. Vor Freude begann er zu springen und zu lachen. Er ging hinter Petrus und Johannes in den Tempel und lobte und pries laut Gott im Himmel.

Die Leute im Tempel kamen herbei, um zu sehen, wer so laut und freudig betete. Sie erkannten den Mann, der jeden Tag an dem großen Tor des Tempels gesessen und gebettelt hatte, weil er gelähmt war. Sie wunderten sich sehr und wollten wissen, was geschehen war. Da sagte Petrus: »Nicht ich habe diesen Mann geheilt, sondern Jesus Christus, Gottes Sohn.«

Als immer mehr Menschen kamen, um zu hören, was mit dem gelähmten Bettler geschehen war, begann Petrus, ihnen die frohe Botschaft zu verkünden, wie Jesus ihm und den anderen Aposteln aufgetragen hatte.

Die wunderbare Befreiung aus dem Gefängnis

Die Apostel führten den Auftrag aus, den Jesus ihnen gegeben hatte. Sie verkündeten überall, was Jesus sie gelehrt hatte.

Zu jener Zeit herrschte ein grausamer König in Israel. Er hieß Herodes. Er wollte nichts über Jesus Christus hören und ließ einige Apostel verhaften und ins Gefängnis bringen. Aber er konnte nicht verhindern, daß die frohe Botschaft vom Reich Gottes verkündet wurde. Sogar im Gefängnis erzählten die Apostel über Jesus. Eines Tages, als Petrus wieder von Gott und seiner Liebe und über Jesus, den Sohn Gottes, zu den Menschen sprach, kamen Soldaten des Königs Herodes und verhafteten ihn. Sie warfen ihn ins Gefängnis, legten ihn in Ketten und stellten doppelte Wachen auf.

Als die anderen Apostel von der Verhaftung des Petrus erfuhren, trafen sie sich zum gemeinsamen Gebet. Sie beteten die ganze Nacht und baten Gott um Hilfe.

Petrus lag angekettet zwischen zwei Wachsoldaten und versuchte zu schlafen. Plötzlich trat ein Engel des Herrn zu ihm, und der ganze Raum war strahlend hell. Der Engel sagte zu Petrus: »Steh schnell auf!« Da fielen die Ketten von seinen Händen. Der Engel sagte dann zu ihm: »Zieh dich schnell an und folge mir.« Petrus tat, was der Engel sagte, aber er dachte, daß er träumte. Der Engel führte ihn vorbei an den Wachsoldaten bis zu dem großen Gefängnistor. Das schwere Tor, das in die Stadt führte, öffnete sich von selbst, und der Engel des Herrn führte Petrus auf die Straße. Als sie ein Stückchen gegangen waren, ließ der Engel Petrus allein.

Nun wußte Petrus, daß er nicht geträumt hatte. Gott hatte ihm einen Engel gesandt, um ihn aus dem Gefängnis zu befreien.

Petrus ging zu seinen Freunden, die zum gemeinsamen Gebet versammelt waren. Aus Angst vor König Herodes hatten sie sich eingeschlossen.

Als Petrus anklopfte und um Einlaß bat, kam ein Mädchen an das Tor. Sie erkannte die Stimme des Apostels Petrus und lief freudig ins Haus zurück und rief:

»Petrus steht vor dem Tor!« Die Versammelten glaubten ihr nicht. Doch das Mädchen wich nicht von seiner Meinung ab. Und weil Petrus nicht nachließ, ans Tor zu klopfen, öffneten sie endlich. Alle freuten sich, als sie Petrus sahen. Petrus erzählte ihnen, wie der Herr ihn durch einen Engel aus dem Gefängnis befreit hatte. Dann bat er, auch den anderen Aposteln und Freunden, die hier nicht versammelt waren, Nachricht von seiner Befreiung zu geben. Petrus selbst blieb nicht länger im Haus seiner Freunde. Er ging an einen anderen Ort, um sich vor König Herodes zu verbergen.

Der König war wütend, als er am nächsten Morgen erfuhr, daß Petrus aus dem Gefängnis entkommen war. Er bestrafte die Wachsoldaten, weil es ihnen nicht gelungen war, die Befreiung des Apostels Petrus zu verhindern.

Paulus

Paulus war ein eifriger Glaubensbote. Er verkündete die frohe Botschaft nicht nur im Lande Israel, sondern auch in ferner gelegenen Ländern. Er wollte auf seinen Reisen alle Menschen zum Glauben an den auferstandenen Christus führen.

Viele Menschen hörten Paulus zu. Viele wurden Christen. Aber es gab auch Menschen, die verhindern wollten, daß Paulus über das Leben, den Tod und die Auferstehung Jesu sprach. Sie wollten Paulus sogar töten.

Deshalb ließen sie ihn eines Tages verhaften und ins Gefängnis werfen. Paulus aber verkündete auch im Gefängnis die frohe Botschaft.

Der Herrscher des Landes, König Agrippa, hatte viel von Paulus gehört. Er wollte deshalb gern einmal selbst hören, was der Apostel zu sagen hatte, und befahl, Paulus am nächsten Tag zu ihm zu bringen.

Paulus freute sich, als er zu König Agrippa geführt wurde. Er hoffte auf eine Gelegenheit, auch dem König die Botschaft von Jesus Christus mitteilen zu können.

Der König und seine Schwester Berenike warteten, in prunkvolle Gewänder gekleidet und von Soldaten bewacht, auf Paulus.

Paulus wurde in Ketten hereingeführt. Er verneigte sich vor dem König, der seine Hand ausstreckte und Paulus zu sprechen befahl.

Paulus begann zu erzählen: »Es hat sich in meinem Leben Wunderbares ereignet. Ich war ein Feind Jesu und verfolgte seine Apostel und Freunde. Als ich eines Tages auf dem Weg nach Damaskus war, um Freunde Jesu zu verfolgen, traf mich unterwegs am hellen Tag ein Lichtstrahl vom Himmel. Ich stürzte zu Boden und hörte eine Stimme, die mir zurief: ›Warum verfolgst du mich?‹ Ich fragte: ›Wer bist du, Herr?‹ Die Stimme antwortete: ›Ich bin Jesus, den du verfolgst. Steh auf! Denn von nun an wirst du mein Diener sein. Du sollst meine Botschaft allen Menschen verkünden!‹«

Paulus unterbrach für einen Augenblick seinen Bericht. Dann redete er weiter: »Nun stehe ich heute vor dir, König Agrippa, weil ich den Auftrag Jesu durchführe, allen Menschen die frohe Botschaft von der Liebe Gottes zu uns allen zu verkünden. Die Botschaft gilt auch dir.«

Der König schwieg für eine Weile. Dann stand er auf und sagte zu allen, die im Raum waren: »Paulus hat nichts Böses getan. Er soll, seinem eigenen Wunsch entsprechend, nach Rom gebracht werden, damit er dort vor dem Kaiser sprechen kann.«

Paulus freute sich über dieses Urteil von König Agrippa. Denn auch in Rom wollte er versuchen, die Botschaft Jesu Christi zu verkünden.

Paulus auf der Insel

Paulus sollte zusammen mit vielen anderen Gefangenen mit einem Segelschiff nach Rom gebracht werden. Solche Schiffsreisen dauerten damals sehr lange. Sie waren auch sehr gefährlich.

Während der langen Monate der Fahrt erzählte Paulus den Schiffsreisenden von Jesus Christus. Viele von ihnen wurden Christen.

Eines Tages kam ein starker Sturm auf, der das Schiff hin und her warf. Alle Leute an Bord bekamen Angst, nur Paulus nicht. Er rief laut, um den Sturm zu übertönen: »Habt keine Angst! Der Herr ist bei uns. Denn er hat mir gesagt, daß niemand von uns etwas geschehen wird. Wir werden alle gerettet werden!«

Der heftiger werdende Sturm trieb das Schiff immer näher an eine Insel heran. Dann wurde das Schiff von einer großen Welle an einige Felsen geworfen und zerschellte. Der Kapitän rief den Leuten zu: »Schwimmt an die Küste der Insel!« Alle, die schwimmen konnten, sprangen ins Wasser und erreichten die Insel. Die Nichtschwimmer hielten sich an Planken und Holzteilen, die auf dem Wasser schwammen, fest und wurden auf die Insel zugetrieben. Sie wurden alle gerettet.

Die Inselbewohner kamen, um den durchnäßten und erschöpften Schiffbrüchigen zu helfen. Sie brachten trockenes Holz und zündeten große Feuer an, damit sich alle wärmen und die Kleidung trocknen konnten. Paulus nahm einige Holzstückchen auf, um sie ins Feuer zu werfen. Da schnellte plötzlich eine Giftschlange hoch, die unter dem Holz gelegen hatte, und biß Paulus in die Hand. Doch er fürchtete sich nicht, riß sie von seiner Hand los und warf sie ins Feuer.

Die Inselbewohner sagten: »Derjenige, der von dieser giftigen Schlange gebissen wurde, muß sterben. Zuerst schwillt der Arm an, und dann tritt kurz danach der Tod ein.« Aber es geschah nichts. Die Inselbewohner und alle anderen Leute waren erstaunt, daß Paulus weiterlebte. Da begann Paulus ihnen von Jesus Christus zu erzählen. Die Bewohner der Insel hatten noch nie etwas von ihm gehört.

Während der langen Zeit, die Paulus und die Schiffbrüchigen auf der Insel bleiben mußten, verkündete Paulus die frohe Botschaft. Und viele Leute wurden Christen.

Eines Tages erfuhr Paulus, daß einer jener Männer, die den Schiffbrüchigen besonders geholfen hatten, schwer krank geworden war. Da ging er zu ihm, legte ihm die Hand auf und heilte den Mann im Namen Jesu. Die Inselbewohner brachten nun mehr Kranke zu Paulus und baten ihn zu helfen. Paulus heilte sie alle im Namen des Herrn.

Nach einigen Monaten kam ein anderes Schiff und brachte alle Schiffbrüchigen nach Rom.

Paulus hat noch viele Reisen unternommen, um die frohe Botschaft von Jesus Christus, dem Sohn Gottes, zu verkünden.

Gott spricht zu Johannes

Der römische Kaiser ließ den Apostel Johannes auf die Insel Patmos bringen. Denn Johannes hatte als Glaubensbote die frohe Botschaft verkündet, obgleich der Kaiser ihm verboten hatte, über Jesus zu reden.

Johannes fühlte sich auf der Insel sehr einsam. Er war alt geworden, und seine Kräfte ließen nach. Johannes betete oft zu Gott und dachte an seinen Tod. Als er eines Tages wieder betete, war es ihm, als öffnete sich plötzlich vor ihm ein großes Tor, das in den Himmel führte. Aus dem Himmel aber hörte er die Stimme Gottes, die zu ihm sprach: »Höre, Johannes. Ich will nun zu dir sprechen. Und alles, was ich dir sagen werde, sollst du aufschreiben, damit es für die Menschen nicht verlorengeht.«

Dann sprach Gott weiter, »Wer an Jesus glaubt, wird nicht immer ein schönes Leben haben. Es wird viel von ihm verlangt werden, was schwer durchzuführen ist, manche Gefahren bringt und vielleicht sogar sein Leben fordert. Wer sich zu Jesus bekennt, wird manchmal Hunger leiden und Schmerzen ertragen müssen. Doch soll sich niemand ängstigen, sondern seinem Glauben treu bleiben. Ich werde ihn nie verlassen. Ich werde ihn als mein Kind in den Himmel aufnehmen.«

Und Gott sprach weiter zu Johannes, »Dann wird der Tag kommen, an dem ich auf die Erde komme, um alle Not und alles Leid derer zu beenden, die an mich glauben. Ich werde die Welt neu und schöner machen. Die neue Erde wird wie der Himmel sein, und alle, die an mich geglaubt haben, werden nie mehr traurig sein. Es wird keine Krankheit, keinen Hunger, keinen Krieg, keinen Tod mehr geben; denn auf der neuen Erde wird nur Freude und Friede sein.« Gott hat noch vieles mehr zu Johannes gesagt, und Johannes hat alles aufgeschrieben, wie Gott es ihm aufgetragen hatte.

Nachweis der Bibelstellen

Das Alte Testament

Gott erschafft die Welt für uns, Genesis 1
Adam und Eva im Garten von Eden, Genesis 2-3
Kain und Abel, die ersten Brüder, Genesis 4,1-6
Noah baut die Arche, Genesis 6-9,17
Der Turmbau zu Babel, Genesis 11,1-9
Abrahams lange Wanderung, Genesis 12-13
Abraham und Sara bekommen Besuch, Genesis 18 und 21,1-8
Isaak heiratet, Genesis 24
Jakob und Esau, Genesis 27
Jakobs wunderbarer Traum, Genesis 28,10-22 und 32,24-28

Josef und seine Brüder, Genesis 37
Josef im fremden Land, Genesis 41
Josefs Brüder reisen nach Ägypten, Genesis 42-45
Moses im Korb, Exodus 1,8-2,9
Eine lange Wanderung beginnt, Exodus 3-11
Gott rettet die Israeliten, Exodus 14,5-31
Die Wanderung durch die Wüste, Exodus 16-17,7
Moses auf dem Berg Sinai, Exodus 19-20
Josua führt die Israeliten nach Kanaan, Josua 3, 4 und 6
Gideon siegt im Namen des Herrn, Richter 6,11-14 und 7,1-22
Der starke Samson, Richter 13-16
Rut, Rut 1-4
Der Herr spricht zu einem kleinen Jungen, 1 Samuel 1-3,10
Der Hirtenjunge, der ein König wurde, 1 Samuel 16,1-13
David und Goliat, 1 Samuel 17,17-52
David und Jonatan, 1 Samuel 18,1-13 und 19, 9-12; 2 Samuel 5,1-4 und 9
Ein prächtiger Tempel wird gebaut, 1 Könige 5-8,11
Elija und die Raben, 1 Könige 17,1-6
Wie der Herr für eine junge Frau und ihren Sohn sorgt, 1 Könige 17,9-16
Der Herr schickt den ersehnten Regen, 1 Könige 18
Elischa hilft einer Frau und ihren Söhnen, 2 Könige 4,1-7

Eine Wohnung für Elischa, 2 Könige 4,1-7
Elischa hilft einem kleinen Jungen, 2 Könige 4,18-37
Wie ein junges Mädchen einem kranken Mann half, 2 Könige 5,1-14
König Hiskija, 2 Könige 18-22 und 29-32; Jesaja 36-39
Königin Ester bittet für ihr Volk, Ester 2,5-5,8 und 7
Ijob, Ijob 1-42
Daniel hilft dem König, sich an den Traum zu erinnern, Daniel 2
Der glühende Feuerofen, Daniel 3
Daniel in der Löwengrube, Daniel 6
Jona ist ungehorsam, Jona 1-3,2

Das Neue Testament

Gottes Geschenk für die Menschen, Matthäus 1,18-25, Lukas 1,26-38 und 2,1-7
Die Hirten auf dem Feld, Lukas 2,8-20
Der Stern führt die weisen Männer, Matthäus 2,13-22
Die Flucht in ein fernes Land, Matthäus 2,13-22
Jesus wohnt in Nazaret, Lukas 2,39-40
Josef und Maria suchen nach Jesus, Lukas 2,41-52

Johannes der Täufer, Matthäus 3; Markus 1,1-11; Lukas 3, 1-22; Johannes 1,6-8 und 19-36

Jesus setzt das erste Zeichen, Johannes 2,1-12

Der große Fischfang, Lukas 5,1-11

Die guten Freunde, Matthäus 9,1-8; Markus 2,1-12; Lukas 5,17-26

Der gläubige Hauptmann, Matthäus 8, 5-13; Lukas 7,1-10

Jesus stillt den Sturm, Matthäus 8,23-27; Markus 4,35-41; Lukas 8,22-25

Brote und Fische eines kleinen Jungen, Matthäus 14,13-21; Markus 6,30-44; Lukas 9,10-17; Johannes 6,1-14

Jesus geht über das Wasser, Matthäus 14,22-34; Markus 6,45-52; Johannes 6,16-21

Jesus und die Kinder, Matthäus 19,13-15; Markus 10,13-16; Lukas 18,22-25

Der Mann, der hören und sprechen wollte, Markus 7,31-37

Der Mann, der sehen wollte, Matthäus 20,29-34; Markus 10,46-52; Lukas 18,35-43

Einer kam, um sich zu bedanken, Lukas 17,11-19

Eine Beispielgeschichte, die Jesus erzählt hat, Lukas 10,25-37

Zachäus, Lukas 19,1-10

Die Menschen jubeln Jesus zu, Matthäus 21,1-11; Lukas 19,28-44; Johannes 12,12-19

Jesus wäscht seinen Jüngern die Füße, Johannes 13,1-17

Gottes großer Plan, Matthäus 26,1-27,50;
Markus 14,1-15,37; Lukas 22,1-23,46; Johannes 11,45-57; 13, 1-30; 18,1-19,30
Der wunderbare Sonntag, Matthäus 27,57-28,10;
Markus 15,42-16,18; Lukas 23,50-24,49;
Johannes 19,38-20,31
Die ersten Glaubensboten, Apostelgeschichte 1,1-14
Petrus verkündet die frohe Botschaft, Apostelgeschichte 3, 1-7
Die wunderbare Befreiung aus dem Gefängnis, Apostelgeschichte 12,1-19
Paulus, Apostelgeschichte 25,3-26,32
Paulus auf der Insel, Apostelgeschichte 27,1-28,10
Gott spricht zu Johannes, Offenbarung